Heinrich Meidinger

Die britischen Kolonien in Australien in ihrer gegenwärtigen

Entwicklung

Heinrich Meidinger

Die britischen Kolonien in Australien in ihrer gegenwärtigen Entwicklung

ISBN/EAN: 9783744667371

Hergestellt in Europa, USA, Kanada, Australien, Japan

Cover: Foto ©ninafisch / pixelio.de

Weitere Bücher finden Sie auf **www.hansebooks.com**

Die
britischen Colonien

in

Australien

In ihrer gegenwärtigen Entwicklung.

Von

Heinrich Meidinger,

Ehrenmitglied der statistischen Gesellschaft in London.

Mit einer Kartenskizze von Australien und Neu-Seeland.

Frankfurt a. M.

J. D. Sauerländer's Verlag.

1860.

Inhalt.

~~~~~~

Erster Abschnitt.

*

Dritter Abschnitt.

Vorwort.

Im verwichenen Jahre habe ich Canada's rasches Aufblühen und die Wichtigkeit dieser britischen nord-amerikanischen Besitzung in kurzen Umrissen dar-zustellen versucht.

In den vorliegenden Blättern war mein Haupt-augenmerk auf einen möglichst richtigen Ueberblick der britischen Ansiedlungen in Australien und Neu-Seeland gerichtet. Zu Grunde gelegt habe ich dabei, was Production, Bevölkerung, Handel und Schifffahrt betrifft, die Berichte der australischen Regierungs-behörden, die jedes Jahr dem britischen Parlamente vorgelegt werden. Die letzten dieser Berichte reichen jedoch nur bis zum Schlusse des Jahres 1856, und erschienen im Juni 1858 im Druck unter dem Titel: „Reports made annually to the Secretary of State by the Governors of the British Colonies, with a view to exhibit generally the past aud present state

of Her Maj. Colonial Possessions, Transmitted with
the blue books for the year 1856. Presented to
both Houses of Parliament. London 1858. Fol."

Neuere statistische Aufstellungen aus den Jahren 1857/58 habe ich den amtlichen Veröffentlichungen
in Australien selber entnommen, die erst später in
England in geordneter Uebersicht erscheinen.

Von den vielen kleinen Broschüren, die in der
jüngsten Zeit in England über die australischen Colonien erschienen, und die gewöhnlich zu sehr billigen
Preisen (zuweilen auch unentgeltlich) zu haben sind,
geht die Richtung der meisten dahin: die Colonien
im vortheilhaftesten Lichte zu schildern und die
Lust zur Auswanderung zu wecken. Durch dergleichen Anpreisungen ist nun freilich schon Mancher
getäuscht worden; jedoch lässt sich diesen kleinen
Schriften gerade nicht aller Werth absprechen, da
sie zur besseren Kenntniss der Colonien im Mutterlande beitragen.

Einer besonderen Erwähnung verdient in dieser
Hinsicht der von Silver & Comp. in London ausge-
gebene „Emigration guide," der von Zeit zu Zeit
über die neuesten Fortschritte der Colonien berichtet.

Auch mehrere d e u t s c h e Broschüren über einzelne Theile Australiens von Deutschen, die längere
Zeit dort gelebt, sind nicht ohne Verdienst; so auch
das grössere Werk von Dr. C. Büchele „Australien
in der Gegenwart, Stuttgart 1856," das mit vielem
Fleiss, meist nach englischen Reisewerken, bearbeitet
ist, aber Neu-Seeland nicht behandelt, und Friedrich

Gerstäcker's „Reise in Australien, Stuttgart 1853," ausgezeichnet durch seine klare und lebendige Darstellung, so weit er das Land kennen gelernt. Zu den gediegenen Werken über Australien gehört auch noch, besonders in Bezug auf die physikalische Beschaffenheit des Landes, „Das Festland von Australien, von C. E. Meinike. 2 Thle. Prenzlau 1837."

Die Forschungen neuerer Reisenden (bis zur Mitte des gegenwärtigen Jahres) und das immer kühnere Eindringen derselben in das noch unbekannte Innere findet man unter der Rubrik „Entdeckungsreisen" bemerkt.

Frankfurt a. M., im November 1859.

Heinrich Meidinger.

ERSTER ABSCHNITT.

~~~~~~

Die Wanderung und Colonisationsfähigkeit der germanischen Völker.

In frischen belebenden Strömen hat sich schon seit längerer Zeit, am stärksten aber während den 3 letzten Jahrzehnten, die Ueberfülle britischer (und deutscher) Bevölkerung über Nordamerika, und, seit der Entdeckuug der australischen Goldgruben (1851) auch über Süd- und Ostaustralien ergossen, ergiesst sich noch fortwährend dahin, und eben so jetzt (wenn auch noch in geringerem Maase) über Neu-Seeland.

Die britischen Einwanderer in jenen Ländern bringen überall das germanische (angelsächsische) Element mit: Fleiss, Ordnung, Reinlichkeit, Sittlichkeit, Religiosität und bürgerliche Freiheit, auf feste Grundlagen der Selbstregierung gegründet.

1

Oede Wildnisse werden von ihnen in fruchtbares Ackerland umgewandelt, Wälder gelichtet, Städte, Dörfer und Vereine gegründet. Landstrassen, Eisenbahnen und elektrische Telegraphen angelegt, Flüsse vertieft und Dampfschifffahrten eröffnet, und wo sie mit alten Staaten in Berührung kommen oder als Eroberer unter denselben auftreten, spornen und regen sie an durch eigenes Beispiel und angebornen Unternehmungsgeist zu Fortschritten, zu zweckmässigen Einrichtungen und Verbesserungen.

Ja es ist unbestreitbar, dass wo sich der Engländer nur immer niederlässt, da erweisst er sich als ein thätiges und denkendes Wesen, das kräftigste und mächtigste Glied germanischen Stammes, zugleich tapfer, klug und umsichtig, und von der Vorsehung sichtbarlich begünstigt und ausersehen zum weltumkreisenden Samenträger und Verbreiter europäischer Bildung und Gesittung.

Und mit dem Britten und seinem Stammgenossen, dem Nordamerikaner, geht auch der D e u t s c h e Hand in Hand, und gewinnt, durch die engere Vereinigung mit denselben, an p r a k t i s c h e m W e r t h, wogegen er ihnen sein gründliches und vielseitiges Wissen, sein deutsches Gemüth, seine Geselligkeit und Gesangliebe mittheilt, die selbst den kältesten Engländer und Yankee nicht unerwärmt lassen.

Der stille und der indische Ocean.

Der stille Ocean (Pacific) bespült die Ost- und Südküste des Festlandes von Australien und die Küsten von Neu-Seeland; der indische Ocean die Nord- und Westküsten Australiens.

Das Meer welches sich von der australischen Südküste unbegrenzt nach Süden ausdehnt, darf man nicht mehr mit dem indischen Oceane verbinden, von welchem mehr eingeschlossenen Meere es sich sehr bestimmt unterscheidet. Seinen Hauptcharakter erhält es durch das Ueberwiegen der Südwestwinde, daher auch die Meeresströmung stets aus Südwesten kommt, die sich aber, wenn sie das Land erreicht (schon bei Cap Leeuwin) in eine östliche umändert.

An der australischen Westküste weicht der indische Ocean von den nördlichen Theilen, durch seine unregelmässigen Winde (nämlich Vorherrschen der Südwinde und Zurücktreten der Ostmonsune) ab.

Das Meer von Neu-Seeland, obgleich zum stillen Oceane gehörend, kann als ein rundes Becken zwischen dieser Doppelinsel und dem Festlande Australien betrachtet werden, wozu 3 grosse Oeffnungen führen:

1) die südliche, zwischen der Insel Tasmania und Neu-Seeland;

2) die nördliche, die in das Korallenmeer geht;

3) die östliche, zwischen Neu-Seeland und Neu-Caledonien, in deren Mitte die Insel Norfolk liegt.

1*

Durch das Korallenmeer führt die Torresstrasse, der Schrecken der Seefahrer. Nirgends
erscheinen die Korallenriffe stärker und grösser als
an dieser Nordostküste von Australien. (Vom Cap
Sandy bis zur Südküste von Neu-Guinea durch 16
Breitegrade.) Die Torresstrasse ist kein glattes,
offenes Fahrwasser, sondern wie übersäet mit kleineren und grösseren Inseln, Riffen, Sandbänken und
Klippen. Gegen das stille Meer zu steigt eine förmliche Mauer von Korallenriffen, unter dem Namen
„Barrier Reefs" aus ungeheurer Tiefe fast senk-
recht empor, an welche die Brandung in ununter-
brochenem Sturze donnernd anbrausst. Nur einzelne
Pässe führen hier durch. (Es gibt auch falsche Pässe,
die einen Eingang aber keinen Durchgang haben.)

Des Nachts darf kein Schiffer es wagen durch
die Torresstrasse zu fahren, sondern muss vor Anker
gehen bis die nächste Morgensonne sein Fahrwasser
wieder beleuchtet. Während der Nordwest-Mon-
sune kann kein Schiff aus dem stillen in den
indischen Ocean fahren, da die hier herrschenden
Winde (wie in den indischen Gewässern) 5 bis 6
Monate lang aus Südost, und dann eben so lang aus
Nordwest wehen, und die Meeresströmung dem Winde
folgt. Im Wechsel des Monsuns (October) ist es
doppelt gefährlich, wegen den plötzlich eintretenden
Stürmen und Nebeln.

Das Meer ist bis dicht an die Riffe blau und tief.
Jeder Fisch, jede Schildkröte, jede Wasserschlange
(es gibt hier viele 4 bis 5 Fuss lange, gelb und

braun gezeichnete Schlangen) sieht man in dem krystallhellen Wasser vorüberziehen.

Für den Laien (sagt Gerstäcker, der es durchfuhr,) gibt es kaum etwas Interessanteres als zwischen einem solchen Archipelagus von Inseln, Klippen und Riffen durchzusegeln, und dabei in stets wechselnden Bildern Neues auf Neues folgen zu lassen, obgleich auch mit einer solchen Durchfahrt keine geringe Gefahr verknüpft ist, wie die vielen Schiffstrümmer (Wracks) beweisen.

Am Ausgange der Torresstrasse in das indische Meer liegt eine kleine unbewohnte Insel: Booby Island, (nach dem hier in Schaaren hausenden Seevogel Booby genannt), wo die Engländer in einer Höhle eine Niederlage von Proviant für verunglückte Seeleute angelegt haben, und zugleich in einem kleinen, niedrigen Steingebäude ein Kasten mit der englischen Inschrift: „Postoffice! Provisions and water in a cave S. E. end of the Island." Durch diese menschenfreundliche und praktische Stiftung sind schon manche arme Seeleute, deren Schiffe in der Torresstrasse scheiterten und die sich in Booten hierher flüchteten, am Leben erhalten worden.

Gewöhnlich werden die Korallenbänke, die fast alle Inseln des stillen und indischen Meeres umziehen, für das Produkt eines kleinen Insekts gehalten, das in rasch auf einander folgenden Generationen sein steinhartes Nest aus irgend einer besonderen Substanz seines eigenen Körpers baut und seine Eier hineinlegt, und so Nest auf Nest, Colonie auf Colo-

nie setzt bis der gewaltige Bau die Oberfläche des
Meeres und damit seine Grenze erreicht, denn Salzwasser ist zu seinem Entstehen und Bestehen unum-
gänglich nöthig. Andere halten aber den Korallenbau
für ein wirkliches Seegewächs, dessen Zellen das Koral-
leninsekt eben nur benütze seine Eier hineinzulegen,
und ich muss selber gestehen, dass diese Auffassung
für mich das Wahrscheinlichste hat. Wie die Poly-
pen den Uebergang bilden zwischen Thier- und Pflanzenwelt, eben so würden die Korallen das Medium
sein oder den Uebergang herstellen zwischen der
Pflanzen- und Steinwelt, und ihr ganzes, theils baum-,
theils schwammartiges Aussehen scheint diese Ver-
muthung in hohem Grade zu unterstützen (Gerstäcker
S. 467.) Die Koralleninseln sind mit Muschelsand
und einer leichten Erdschichte bedeckt, und kaum
mit einigen Pflanzen bewachsen, obgleich unter
einem hohen Breitegrade liegend.

Wichtigkeit des stillen Oceans für Handel und Schifffahrt.

Der stille Ocean ist jetzt zur grossen Fahrbahn
der handeltreibenden Völker geworden, ebenso wie
das atlantische und indische Meer. Europa ist für
diesen Welthandel das Centrum, in welchem alle
Strahlen zusammenlaufen und von dem die Radien
über den Erdball ausstrahlen.

Die ganze Südsee (sagt Andrée in seinem trefflichen Aufsatze: „Das Erwachen der Südsee") *) lag noch zu Anfang unseres Jahrhunderts in starrem Schlafe; jetzt ist sie erwacht und pulsirt mit frischem, gesundem vollem Schlage. Sie ist in die Geschichte eingetreten und mit Riesenschritten, Sie wird nach jeder Richtung von Schiffen aller Völker, am meisten aber von Engländern und Nordamerikanern befahren, (auch von vielen deutschen Schiffen, wie überhaupt Deutschland als 3te seefahrende Macht erscheint).

Wo sonst das Känguruh weidete, brennt Gas, wo der Indianer seinem Feinde die Schädelhaut nahm, steht ein Universitätsgebäude, und der Platz des bluttriefenden Maori (auf Neu-Seeland) hat die Schule oder Kirche eingenommen. Aus Verbrecherhöhlen sind Staaten geworden, und in der Wildniss haben sich Städte von 70,000 und 100,000 · Einwohnern (Sydney und Melbourne) erhoben.

Keine frühere Periode hat diese Umwandlungen im Weltverkehre gehabt wie die Neuzeit.

Australasien.

Unter dem Namen „Australasia" begreifen die Engländer das grosse Festland Australien (das fast so gross wie Europa) und die Inseln Tasmania und Neu-Seeland,

Erst mit der Begründung der holländischen Macht auf den indischen Inseln, zu Anfang des 17,

---

*) S. dessen „geogr. Wanderungen Bd. II. Dresd. 1859."

Jahrhunderts, wurde das continentale Australien den Europäern bekannt.

Das erste holländische Schiff, welches die Nord-küste von Australien sah, war das im Novbr. 1605 von Amboina abgesandte Barkschiff Duyfhen. Die-sem folgten bald mehrere andere, daher man auch noch auf so viele holländische Benennungen, in Bezeichnung der dortigen Küsten und Inseln, stösst.

Im Ganzen kann man die Holländer als die eigent-lichen Entdecker des˘ grossen Continents betrachten. Von den Portugiesen wurden zwar schon früher ein-zelne Küstenstrecken entdeckt, die aber kaum zur Kenntniss des Publikums gelangten.

Dem neuen Continent legten die Holländer (und auch die Deutschen) den Namen „Neu-Holland" bei, während die Engländer (nach Cook) die Benennung: „New-South-Wales" und „Botany-Bay" einführten, obgleich sich solches nur auf die Ostküste, wo sie ihre erste Niederlassung gründeten, bezog. (Den Na-men „Neu-Holland" gebrauchen sie selten oder nicht mehr.)

Seitdem sind an verschiedenen Punkten der Ost-, West- und Südküste mehrere andere Colonien ent-standen, wovon jede ihren eigenen Namen erhielt.

Die zur Zeit bestehenden sind folgende: an der Ostküste: New-South-Wales (Neu-Süd-Wallis), Queen's-Land (Moreton-Bay); an der Nordküste ist Port-Essington fast aufgegeben oder doch nur eine unbedeutende Niederlas-sung. (S. weiter unten.); an der

Südküste: Victoria (Australia-Felix), South-Australia (Süd-Australien), die Insel Tasmania (früher van Diemens-Land);
an der
Westküste: Western-Australia (Swan river),
und in südöst. Richtung, (1200 engl. Meilen von
Sydney,) die Doppel-Insel: Neu-Seeland (New-
Zealand).

Andere Nationen als die Engländer haben keine
Niederlassungen auf dem Festlande von Australien,
und ebenso wenig in Neu-Seeland und Tasmanien.

Ostküste.

1. Neu-Süd-Wallis (New-South-Wales).

Dies ist die älteste der britischen Colonien in
Australien; sie wurde von der englischen Regierung
im Mai 1787 für verwiesene Verbrecher (convicts, in
Australien: prisoners oder auch government people
genannt) gegründet und blieb bis zum Jahr 1840
(also 53 Jahre lang) eine Strafanstalt.

Der erste Gouverneur derselben, Capitän Arthur
Philipp, (dessen Vater ein Deutscher, aus Frankfurt a. M. gebürtig war), landete zuerst in Botany
Bay mit 11 Schiffen, 200 Seesoldaten und 776 Ver-
brechern (darunter 192 weibliche) und den nöthigen
Vorräthen. Da diese Bucht aber vor Stürmen wenig
geschützt ist, verlegte er die Verbrecher-Colonie schon
im nächsten Jahre (1788) eine kurze Strecke weiter

hinauf, dahin wo jetzt die Städte Sydney und Paramatta stehen. Gerstäcker bemerkt über die Botany Bay, (nach eigener Anschauung) dass sie zwar wegen der Mannigfaltigkeit neuer Pflanzenarten, die man dort entdeckte, berühmt geworden, aber die unmittelbaren Ufern der Bucht und einige sehr niedere Thalflächen ausgenommen, sei das dortige Land eine buschüberwachsene Sandfläche.

In der ersten Zeit war diese Colonie nichts anderes, als ein grosses Zuchthaus, von recht schlechter und kostspieliger Einrichtung. Erst im Jahr 1817 fingen die Niederlassungen freier Ansiedler an, sich über den schmalen Küstensaum auszudehnen. Auch Deportirte, die ihre Freiheit erlangt hatten oder deren Strafzeit vorüber war, wurden zum Landbau veranlasst. *) Jetzt ist Sydney eine blühende Handelsstadt, wo sich Consule von Amerika, Frankreich, Holland, Belgien, Preussen, Hamburg etc. aufhalten. Dennoch verläugnet sich nicht (nach Gerstäcker) die frühere Verbrecherbevölkerung der Stadt, was auch darüber Schönes und Gutes geschrieben sein mag. Ich habe in meinem ganzen Leben (sagt Gerstäcker S. 452) selbst nicht in Californien, so viel von Einbrüchen, Mordthaten, Diebstählen und anderen Beraubungen gehört wie gerade hier. Jedes Tagblatt bringt die Angabe neuer Verbrechen und Einbrüche.

---

*) Die Deportation nach New-South-Wales endete mit dem 20. Aug. 1840. (S. Westaustralien.) Seit 1787 hat England mehr als 100,000 Verbrecher nach Australien hinübergeschafft.

Auch habe ich an keinem Orte der Welt Abends so viele Trunkene und besonders trunkene Weiber in den Strassen gesehen, wie in Sydney. Ich zählte an einem Abende 17 total betrunkene Personen und von diesen waren 14 Frauen, die Halbbetrunkenen, noch nicht gerechnet. Die Zahl der sogenannten Slyshops (Winkelschenken, die ohne Licenz bestehen) ist sehr gross.

Der Hafen der Stadt Sydney (Port Jackson) gehört zu den schönsten und besten in Australien. Den Eingang bilden 2 Halbinseln, 3 bis 400 Fuss hoch. Auf der Höhe des Südcap steht ein Leuchtthurm mit drehendem Lichte und ein Telegraph. An Sonntagen wird dieser Standpunkt von Sydney aus stark besucht, um die Aussicht auf das tiefblaue Meer zu geniessen. Nach der Landseite beginnt dagegen eine dürre, sandige Ebene, mit holzigen Büschen und Grasbäumen (Art Schilfgewächsen) bedeckt, während die Bai mit ihren reizenden Ufern wie eine Oase in der Wildniss daliegt. (Gerstäcker.)

Auch die Botany-Bay wird als Vergnügungsort besucht. Es ist dort eine Art zoologischer Garten (für einheimische Thiere) angelegt. und die Stelle, wo Cook landete, ist durch eine kleine in den Fels eingelassene Kupferplatte bezeichnet. Auch für La Perouse ist am linken Ufer der Bai eine kleine Säule von Sandstein gesetzt. In die Botany-Bay ergiesst sich ein kleiner Fluss, St. George's river, der für kleine Fahrzeuge von 30 bis 40 Tonnen schiffbar ist.

Vom Leuchtthurm an erstreckt sich ein grosses Wasserbecken weit in das Land hinein mit vielen Nebenbuchten. Der obere lange und schmale Theil des Hafens heist: „der Fluss von Paramatta," der sich 15 Meilen weit bis zur Stadt gleichen Namens hinzieht und wohin von Sydney aus täglich Dampfboote abgehen. Im Hafen selbst herrscht eine grosse Regsamkeit. Schiffe von allen Nationen und viele Küstenschiffe (Dampfer und Segelschiffe) fahren beständig ab und zu. Auch mit Neu-Seeland besteht ein lebhafter Verkehr. Die Stadt Sydney besitzt gegen 100 eigene Schiffe, darunter viele Dampfboote. Am Südufer liegen schöne Landhäuser, Gärten und Spaziergänge mit Fahrwegen nach Hydepark und um das Fort Macquarie, wo die Militärmusik an gewissen Tagen (auf dem Regierungsplatze) spielt. Am Nordufer befinden sich die Magazine für Wallfisch- und Seehundfänger, Thranbrennereien etc.

Die Stadt Sydney *) (33° 51 Min.) zählte im Jahr 1858 an 70,000 Einwohner; sie hat ganz das Aussehen einer schönen europäischen, mit asiatischen Elementen untermischten Hafenstadt, breite mit Trottoirs und Gasbeleuchtung versehene Strassen, elegante Kaufläden, grosse Gasthöfe (darunter das Royal-Hôtel), und (als Schattenseite) zahlreiche Wirthshäuser und Branntweinkneipen. Omnibusse und Fiaker durchfahren beständig die Hauptstrasse (George Street).

---

*) Die Engländer schreiben stets Sydney, nicht Sidney.

Unter den öffentlichen Gebäuden Sydney's zeichnet sich das palastähnliche Haus des Generalgouverneurs (Government house) aus. An Kirchen besass Sydney im Jahr 1850 (nach „Kirchner Australien und seine Vortheile für Auswanderer. Frankfurt a. M. 1850") 9 englisch-bischöfliche, 4 presbyterische, 5 katholische, 1 Synagoge und 22 Bethäuser verschiedener Sekten; an Bildungs-, Kunst- und gemeinnützigen Anstalten: 2 Universitäts-Gebäude, (Sydneyund Australian-College), 1 Gewerb- und Kunstschule (Mechanics school of arts) mit Bibliothek und Lesezimmer, (wo aber Gerstäcker keine einzige deutsche oder französische Zeitung vorfand, blos englische Blätter) 1 Theater, 1 Circus, 1 Gemäldeausstellung, 4 bedeckte Markthallen, mehrere Hospitäler, 1 Gerichtshaus, Zollhaus, Postgebäude, Banken, Gasanstalt, 1 botanischen Garten am Hafen (der zugleich zum öffentlichen Spaziergange dient und wo die „Botanic and Horticultural Soc." ihre Blumen und Pflanzen-Austellungen hält) 1 Sternwarte (zu Paramatta), 1 Verein für Landwirthschaft und 5 deutsche Vereine (im Jahr 1858), nämlich: der deutsche Club, der deutsche Turnverein, die deutsche Wohlthätigkeitsgesellschaft und der deutsche Krankenverein.

Es erscheint auch in Sydney, ausser mehreren englischen Zeitungen, eine australische deutsche Zeitung, deren Nummer vom 27 Nov. 1858 eine interessante Schilderung des Willkommfestes enthält, das die Deutschen in Sydney, unter Zuziehung des deutschen Gesangvereins und eines deutschen Musik-

corps, zu Ehren der österreichischen Fregatte Novara gaben.

An industriellen Anstalten besitzt Sydney mehrere
Eisengiessereien, Maschinenfabriken, Schmelzhütten,
Bierbrauereien, (schon in dem Jahre 1837—1842
kamen deutsche Bierbrauer nach Sydney, später auch
nach Melbourne und Adelaide) 2 Zuckersiedereien,
3 Destilliranstalten, Gerbereien, Seife- und Lichterfabriken, Magazinen zum Einsalzen von Fleisch, und
viele Mühlen (Dampf-, Wasser- und Windmühlen);
auch geräumige Werfte und drei Docks für Schiffbau
und Ausbesserung der Schiffe.

Dampfboote fahren regelmässig nach Paramatta
im Hintergrunde des Hafens, wo Kasernen und schöne
Sommerhäuser der Sydneyer Kaufleute, auch das
Landhaus des Gouverneurs, Sternwarte, Waisen-
haus für Mädchen, und ½ Stunde davon (auf der
Zigeunerinsel) ein Zuchthaus für weibliche Gefangene;
ferner nach New-Castle an der Mündung des Hunter (S. weiter unten Queensland); nach Port-Ste-
phens, oberhalb dem Flusse Hunter, wo die australische Ackerbau-Gesellschaft Ansiedlungen hat; nach
Port-Macquarie weiter nördlich an der Mündung
des Hastings (220 Meilen von Sydney). Port-Macquarie ist für Schiffe von 9 Fuss Tiefgang zugänglich,
(in dieser Gegend hören die Ansiedlungen auf), und
südlich nach Tasmania und Melbourne, und östlich
nach Neu-Seeland.

Eine Eisenbahn führt von Sydney nach Paramatta (15 Meil.), von da nach Liverpool (20 Meil.),

nach Campbell-Town (33 Meil.) und nach Goulbourne (110 Meil. von Sydney), von wo sie mit der Zeit nach Melbourne (ca. 600 Meil. von Sydney) geführt werden soll. Goulbourne ist ein wachsendes Städtchen, in der Mitte der Schäfereien, wo auch eine Zeitung „the Goulbourne Herald" erscheint.

Ein anderer Schienenweg ist in nördlicher Richtung (nach Newcastle) im Bau.

Auch eine elektrische Telegraphenlinie besteht bereits zwischen Sydney und Melbourne, und Adelaide und der Insel Tasmania (S. Melbourne).

Die städtische Verwaltung von Sydney ruht in den Händen von 6 Aldermen und 29 Stadträthen, mit einem Lordmayor an der Spitze.

Die bedeutendsten Städte und sämmtliche Grafschaften von New-South-Wales schicken Abgeordnete in den gesetzgebenden Körper (legislative Council) zu Sydney.

Wie in New-South-Wales, so haben auch die übrigen Colonien Australiens jede ihre eigene Regierung und Verwaltung. Alle stehen jedoch (nebst Neu-Seeland und Tasmania) unter dem General-Gouverneur von Sydney, seit 1851.

Die britische Krone hat nur dann ein Einsprachsrecht, wenn die australischen Gesetze den britischen Reichsgesetzen zuwiderlaufen. Das Recht der Selbstentwicklung bleibt einer jeden Colonie überlassen. Das frühere drückende Vormundschaftssystem der britischen Regierung über ihre Colonien ist schon seit längerer Zeit abgeschafft. Australien wird daher stets in innigem Verkehr mit England bleiben, an das es mit 1000 Fäden geknüpft ist, und vom Mutterlande erhält es einen ununterbrochenen Zuwachs von Menschen und Kräften.

Die Hauptnahrungszweige der Colonie New-South-Wales sind Viehzucht und Ackerbau, vor Allem Schafzucht, daher Schäfer und Feldarbeiter fortwährend stark begehrt sind. Auch weibliche Dienstboten sind (besonders in Sydney) gesucht, da noch immer ein Missverhältniss zwischen beiden Geschlechtern besteht. Für deutsche Naturen ist aber der australische Sommer im Innern des Landes wenig zusagend. (Ueber die schrecklichen Dürren, welche in New-South-Wales häufig vorkommen, sehe man weiter unten „Klima.")

Der Viehstand von New-South-Wales war im Jahr 1857 nach amtlichen Angaben:

7,736,323 Schafe,
2,023,418 Rindvieh,
168,229 Pferde,
165,998 Schweine.

Geschlachtet wurden im Jahre 1856 in New-South-Wales:

266,726 Schafe,
45,239 Hornvieh,
788 Schweine,

und daraus gewonnen wurden 84,798 Ctr. Talg und 31,716 Pfd. Schmalz.

Die Zahl der angebauten englischen Morgen (Acres) betrug im gleichen Jahre 1857: 185,000.

Die Volkszahl im Jahre 1854: 251,315 Seelen
„   „   „   „   1856: 266,189   „
Unter letzteren waren: 147,091 männliche und 119,098 weibliche.
Davon kamen 120,654 auf die Städtebevölkerung,
„   „   145,535 „   „ Landbevölkerung.

Früher wurde das Land (Kronland) von der Regierung von New-South-Wales verschenkt, um den freien Deportirten und Soldaten den Anbau zu erleichtern. Seit 1829 ist aber ein neues System des Landverkaufs eingeführt. Der gewöhnliche Preis des Kronlandes in Australien ist 1 L. St. per Acre.

Jenseits der blauen Berge liegt das rasch emporblühende Städtchen Bathurst, 130 Meilen von Sydney, als Hauptort der zahlreichen Schafstationen, unfern des Flusses Lachlan (Nebenfluss des Murray), worauf im Frühjahr 1859 zum erstenmal Wolle den weiten Weg bis in das südliche Meer ohne Umladung verschifft worden ist.

Ein Postwagen (Art Omnibus) fährt zwischen Sydney und Bathurst über Penrith (33 Meilen von Sydney). Bathurst (6000 E.) hat eine hohe, gesunde Lage, daher sich hier im Sommer viele Familien aus Sydney aufhalten. Das Städtchen Wellington, 117 Meilen von Bathurst und 238 von Sydney, ist die entfernteste Ansiedlung von New-South-Wales in direkt westlicher Linie, und besteht fast ganz aus Wirthshäusern. 28 Meilen von Bathurst ist der neue seit 1851 entdeckte Golddistrikt von New-South-Wales, „the world's end" genannt, mit Zelten und Lagerstätten (wie in Victoria). Die australischen Zeitungen (sagt Gerstäcker, der diesen Ort besuchte) heben gewöhnlich nur die Lichtseite von Australien heraus, und ihr Zweck und Ziel ist dabei auch leicht genug zu erkennen. Menschen wollen sie nach Australien haben, Arbeiter und die, welche durch die bisher von englischer Seite ausgestreuten Auswanderungsschriften nicht hierher gelockt werden konnten, denen soll das Gold den letzten Gnadenstoss geben.

Die australischen Agenten für Auswanderer in Europa erhalten von der Regierung 1 L.St. von jedem Kopf der Einwanderer. Dieser ihnen in Aussicht gestellte Gewinn ist zu bedeutend, als dass sie nicht alle Mittel in Bewegung setzen sollten, um leichtgläubiges Volk anzulocken.

Drei Hauptlandstrassen führen von Sydney aus in's Innere:

1) Nordstrasse:
   von Sydney nördlich nach der Hawkesbury-Fähre, von da nach Maitland am Hunter.

2) Weststrasse: von Sydney nach Paramatta und Penrith, über den Hawkesburyfluss, dann über die blauen Berge nach Bathurst.

3) Südstrasse:
   von Sydney nach Liverpool, Campbelltown, Goulburne, über den Murumbidgeefluss (bei

Gundegal, 270 Meilen von Sydney) und 130 Meilen weiter über den Humefluss (obern Murray), von da nach Goulbourne (50 Meil.) und dann nach Melbourne.

Handel von New-South-Wales.

Einfuhr im Jahre 1856 3,430,880 L. St.
„   „   „   1857 3,611,141 „ „
Ausfuhr „   „   1856 5,460,470 „ „
„   „   „   1857 6,384,500 „ „

Unter der Einfuhr im Jahre 1856 waren:

1,470,120 Gallons Bier . . im Werth v. 247,168 L. St.
   16,490 Tons Brod u. Mehl „   „   „ 421,777 „ „
  333,244 Bushels Weizen . „   „   „ 104,390 „ „
  744,328 Gallons Spirituos. „   „   „ 320,962 „ „
  360,603   „   Wein . . „   „   „ 143,671 „ „
   15,349 Ctr. Tabak . . . „   „   „ 147,040 „ „
   14,612 Tons Zucker . . „   „   „ 313,596 „ „
3,097,925 Pfd. Thee . . . . „   „   „ 160,820 „ „

Davon kamen dem Werthe nach:

für 3,475,359 L. St. auf Grossbritannien,
 „   177,698 „ „   „ Neu-Seeland,
 „   477,271 „ „   „ andere britische Colonien,
 „   348,500 „ „   „ die Vereinigten Staaten,
 „   884,044 „ „   „ andere fremde Länder,
 „   59,029 „ „   „ Südsee-Inseln,
 „   39,020 „ „   „ Fischerei.

Unter der Ausfuhr im Jahre 1856 waren:

19.200,341 Pfd. Wolle im Werth v. 1,303,070 L. St.
  (ohne 800 bis 900,000 Schafe,
  die zu Land nach Victoria gingen.)
    77,314 Ctr. Talg.
Gold f. 156,151 L. St. (i. J. 1857 f. 223,212 L. St.)
Baumwollwaaren für 308,505 L. St. etc.

Davon gingen:

für 1,660.187 L. St. nach Grossbritannien,
 „ 1,269,277   „   „ brit. Colonien,
 „   320,963   „   „ Neu-Seeland,
 „   3,628   „   „ d. Ver. Staaten,
 „   123,154   „   „ and. fremd. Ländern,
 „   53,624   „   „ Südseeinseln.

Die eigene Produktion und Ausfuhr gibt den australischen Colonien (wie fast allen britischen über-
seeischen Besitzungen) die Mittel an die Hand, bedeutende Einfuhren von englischen Manufakturwaaren zu
machen, und so einen höchst lebendigen Austausch mit
dem Mutterlande zu unterhalten.

Die Einkünfte der Colonie von New-South-
Wales, die sich im J. 1851 auf 405,598 L. St. beliefen, hatten sich im J. 1856 auf 1,196,301 L. St.,
im J. 1857 auf 1,986,553 L. St. erhoben. Die Ausgaben betrugen im J. 1856 1,835,134 L. St.

Schifffahrt.

Angekommene Schiffe 1143 v. 321,679 Tonnen.
Abgegangene   „   1219 „ 336,113   „

Unter den angekommenen Schiffen waren:

175	von	96,168	Tonn.	aus Grossbrit.,
854	„	176,360	„	„ brit. Colonien,
49	„	23,516	„	amerikanische,
16	„	89,920	„	holländische,
14	„	5,668	„	hanseatische,
12	„	5,552	„	französische,
9	„	3,420	„	chilesische.

In den Häfen waren eingelaufen:

zu Sydney	813 Sch.	v.	261,839 Ton.
„ Newcastle	256 „	„	44,469 „
„ Eden	60 „	„	8,867 „
„ Moreton-Bay	14 „	„	6,504 „

Neu gebaut wurden im Jahre 1856 in der Colonie New-South-Wales 24 Schiffe von 839 Tonnen, und 86 Schiffe von 9409 Tonnen einregistrirt. Ende 1856 besass die Colonie 60 eigene Dampfer.

Es ist jetzt ein Plan, eine australisch-europäische (elektrische) Telegraphenlinie von Sydney über Brisbane und Port Essington, nach Java, Singapore, Rangoon, Bombay und Suez zu errichten, und ohne Zweifel wird dieser Plan auch früher oder später zur Ausführung kommen.

2. Queen'sland (Moreton-Bay.)

Der bisher zu New-South-Wales gehörige Distrikt an der Moreton-Bay (nördl. von Sydney, vom 28° an), wurde im April 1859, durch Verfügung des Colonial-amtes, zu einer besonderen Colonie, unter dem Na-

men: „Queen'sland" (der erste Vorschlag war „Cook's-
land") erhoben und zum Statthalter derselben Sir
G. F. Bowen ernannt. Auch ein neues Bisthum
trat gleichzeitig daselbst in's Leben, wozu der
Londoner Verein zur Bibelverbreitung im Auslande
1000 Liv. Sterl. beisteuerte.

Diese neue Colonie ist aber noch sehr dünn bevölkert und besitzt erst 3 Kirchen. Die ganze Bevölkerung von Queen'sland betrug im Jahre 1858:
16907 Seelen.

Davon kamen:

2525 auf die Stadt Brisbane,
 915 „ Süd-Brisbane mit Vorstädten,
2459 „ Jpswich,
1449 „ East-Moreton,
2099 „ West-Moreton,
 929 „ West-Downs,
 890 „ East-Downs,
 678 „ North-Downs,
 415 „ den Weidebezirk Maranoa und Theil von
           Darling-Downs,
1309 „ Burnett,
 669 „ Wide-Bay,
 615 „ Leichhardt u. Port-Curtis.

Der Küstenstrich in einer Breite von 3 Meil. von
Liebig, Palmerston und Flinders, gehört zu den an-
gesiedelten Distrikten von Port-Curtis.

Zur Hauptstadt ist Brisbane bestimmt, am Flusse
gleichen Namens 14 Meilen von dessen Mündung in
die Moreton-Bay.

Moreton-Bay ist eine grosse, 50 Meilen lange, durch zwei Inseln gebildete Bucht. Das Hinterland gehört zu den ergiebigsten Australiens mit schönen Viehtriften. Die Schafzucht wird sehr stark hier getrieben; besonders in den Grafschaften Liverpool, Moreton, Clarence, Darling, Lachlan etc., wovon eine jede zwischen 200,000 u. 400,000 Schafe zählt. Für Ackerbau, namentlich für Weizen, ist das dortige Clima zu heiss.

Der kleine Ort Jimba, an den Darling-Downs, 200 M. landeinwärts von der Moreton-Bay, bildet bis jetzt eine der äussersten Stationen der Ansiedler.

Von hier aus trat Leichhardt im Jahre 1844 seine erste grosse Entdeckungsreise nach dem äussersten Punkte der Nordküste (Port-Essington) an, den er, nach 14monatlichen Anstrengungen und Mühseligkeiten aller Art, glücklich erreichte. (S. weiter unten Biographie von Leichhardt.)

Näher an Sydney liegt Newcastle, am Flusse Hunter. Gerstäcker fuhr im Jahre 1851 von Sydney dahin mit einem Küstendampfer in 11 Stunden Zeit (bei starkem Gegenwinde).

Newcastle ist ein kleiner, in den traurigsten Sandwüsten liegender Ort, der aber einen ziemlich guten Hafen und Steinkohlenbergwerke und eine Eisengiesserei besitzt.

Die dortigen Steinkohlen (die zu 5 engl. Schill., die Tonne von 20 Ctr., frei an Bord der Seeschiffe verkauft werden), sind zwar nicht so gut, wie die englischen, und arm an Harztheilen, enthalten aber

viele vegetabilische Stoffe und werden jedes Jahr
stärker begehrt, besonders von den Dampfschiffen.
Das Hauptkohlenwerk gehört der australischen Ackerbaugesellschaft (Ausralian agricultural Company). Nach
dem letzten Jahresberichte derselben, in der Times
vom 22. Juli 1859, wurden im Jahre 1858: 107924
Tonnen, oder 2,158,480 Ctr., Kohlen gewonnen und
dafür 79,137 L. Sterling erlöst. Im Gebirge ist ein
brennender Steinkohlenberg (Wingan).

Auch Kupfer wird in der Nähe von Newcastle
gefunden. Es besteht dafür eine eigene Actiengesellschaft „Newcastle coal and copper Company".

Newcastle war früher (seit 1801) ebenfalls eine
Verbrecher-Colonie (jetzt nicht mehr).

Näher der Mündung des Hunter liegt Morpeth,
wo die Hunter Dampfschiff-Gesellschaft ein grosses
Werft hat.

Gerstäcker schildert die dortige Gegend mit folgenden Worten: Von Newcastle fuhren wir den ziemlich breiten Hunter hinauf. Die Landschaft ist monoton, mit niederem Gebüsch an beiden Ufern, oft kaum
aus dem Wasser hervorragend, oft von der Fluth
überschwemmt, ähnlich der Einfahrt in den Missisippi.
Je weiter wir aber hinauf kamen, desto mehr bebaut
war das Land, meist mit Mais, der bloss als Vieh-
futter dient. Der englische Ausralier isst kein anderes
als Weizenbrod, daher auch viel Mehleinfuhr in New-
South-Wales von Adelaide (Südaustralien).

Schiffbar ist der Hunter nur so weit als Ebbe
und Fluth reicht.

Ein blühendes Städtchen ist Raimond's-Terrace, in dessen Nähe der australische Wald (bush) beginnt. Viel Holz wird hier gefällt und den Hunter hinab verschifft, meist Fichten, Cedern etc. Wirklich schöne und grosse Bäume sind jedoch selten.

Einige Meilen von Raimond's Terrace liegt die ausgedehnte Besitzung eines Hrn. King (King's Farm) der sich auch mit Weinbau beschäftigt.

Gerstäcker kostete hier einen Irrawang 1847er, der ganz einen dem Hochheimer ähnlichen Geschmack gehabt haben soll, mit fast noch mehr Feuer. Einen rothen Wein stellte er dem Assmannshäuser vollkommen gleich. (?) Die englische Regierung hat schon frühe Weinreben aus Spanien und den canarischen Inseln in New-South-Wales anpflanzen lassen und in neuerer Zeit brachten viele Weingärtner vom Rheine Reben mit. Der australische Wein hat aber immer etwas eigenthümliches und kommt im Ganzen mehr dem spanischen Weine gleich.

Weiter den Fluss hinauf liegt Maitland (mit Ackerland und Viehtriften), wohin ebenfalls ein Dampfboot fährt. Es führt auch eine Eisenbahn von Newcastle nach Maitland (35 Meilen) und ein anderer Schienenweg ist von Sydney nach Newcastle im Bau. Im October 1858 wurde eine Entdeckungsreise, den Fitzroyfluss hinauf, von Rockhampton (Port Curtis) aus, unternommen. Die Reisenden drangen bis zum Zusammenflusse des Dawson mit dem Mackenzieriver vor (Rio Station), mussten aber dann, wegen Stromschnellen und versunkenen Baumstämmen, wieder umkehren. Etwa 140 Meil. von Rockhampton zeigten sich hohe Berge, die mit ihren Gipfeln in die Wolken reichten. _·

(S. Papers relative to the separation of the Moreland - Bay District from New-South-Wales 1858 and 1859 with a map. Auch Berliner Zeitschrift für Erdkunde, Juliheft 1859, mit Karte.)

Südküste.

1. Victoria.

Durch ihren ausserordentlichen Goldreichthum hat sich diese neue Colonie in kurzer Zeit zur blühendsten und volkreichsten von ganz Australien erhoben.

Sie wurde zuerst von Sydney aus gegründet, und bildete noch bis zum Jahre 1851 einen Theil von New-South-Wales. Von da an erhielt sie ihre eigene Verwaltung, und im Jahre 1847 den Namen Victoria, nachdem sie vorher durch den Major Mitchell, der sie im Jahre 1836 zuerst auf dem Landwege durchforscht hatte, „Australia Felix" genannt wurde.

Von der Seeseite (im Süden) wird sie von einer schönen, 35 Meil. langen und 24 Meil. breiten Bucht (Port Philipp) begrenzt, die schon im Jahre 1798 vom Capitain Bass (von Tasmania aus) entdeckt wurde und zwei treffliche Häfen bildet:

1) Hobson's-Bay, als Hafen von Melbourne,
2) Corio-Bay, als Hafen von Geelong.

Um Melbourne ist eine grasreiche, über 30 Meil.

breite Ebene, und in mässiger Entfernung von der
Küste ein äusserst fruchtbares Land, das sich durch
die ganze Länge der Provinz hindurchzieht, und sich
besonders für Ackerbau eignet, während in vielen
Distrikten von New-South-Wales die Entwickelung
des Ackerbaues durch die Hitze des Climas gehin-
dert ist.*)

'Im Südosten von Victoria erheben sich die (bis
jetzt bekannten) höchsten Berge des Festlandes von
Australien, worunter mehrere mit ewigem Schnee
bedeckt sind und in ihren unteren Regionen eine
herrliche Pflanzenwelt aufzeigen. In diesen Bergen
mögen auch noch, nach den Angaben mehrerer Geo-
logen, die reichsten aller Goldgruben verborgen liegen.
(S. Gebirgsland.)

Der Gesammtflächenraum von Victoria beträgt
55,571,840 Acres, wovon erst 2,748,415 Acres von
der Regierung verkauft sind. Im März 1858 befanden sich 237,729 Acres unter Cultur.

---

*) Jn Bezug auf Clima (S. weiter unten) wird die Hitze
zu Melbourne weniger stark empfunden, als im Sydney-Di-
strikt. Im Juli und August ist die Regenzeit. Im September
nehmen die Regengüsse langsam ab. Von da an erscheint
das Land üppig und schön, die Luft fast immer klar und durch-
sichtig, so dass Mond und Sterne viel stärker glänzen als in
Europa. (Vergl. damit Petermann's interessante Aufsätze in
dessen geogr. Mittheilungen 1855 S. 348: „Zur physikalischen
Geographie der australischen Provinz Victoria," und S. 262:
„Zur politischen und statistischen Geographie von Australien
im Allgemeinen und von der Provinz Victoria im Besonderen)."

Diese lieferten im Jahre 1857:

1,808,438 Bushels Weizen,

1,249,799   „   Hafer und

51,114 Tonnen Kartoffeln etc.

Dennoch wird viel Mehl, Butter etc. aus Südaustralien eingeführt.

An macadamisirten Strassen waren Ende 1857 450 Meilen vollendet. (S. Report of the Registrar general on the progress and statistics of Victoria from 1851 to 1857, compiled from official records.)

Zahlreiche Flüsse und Seen bewässern die weiten Ebenen und Flächen. Erstere treten in der Regenzeit aus ihren Ufern, liegen aber im Sommer fast ganz trocken, mit Ausnahme des grossen Flusses Murray, der die Nordgrenze von Victoria bildet und das ganze Jahr hindurch sein fliessendes Wasser behält, und auch jetzt für die Dampfschifffahrt geöffnet ist. (S. Flüsse.)

Die Bevölkerung von Victoria, die vor 20 Jahren kaum einige Tausend Köpfe zählte, betrug am 29. März 1857 410,766 Seelen, und jetzt (1859) über eine halbe Million.

Die Zunahme der Stadt Melbourne grenzt an's Wunderbare und wurde hauptsächlich durch die Goldentdeckung im Jahre 1851 herbeigeführt. Man schätzt die gegenwärtige Einwohnerzahl von Melbourne auf nahe an 100,000 (im März 1859 waren es 89,023) und diese Zahl ist noch immer im Steigen.

Der Durst nach Gold ist unter den Menschen so gross, dass jährlich Tausende hierher eilen, und zwar von allen Nationen, worunter besonders viele Chinesen.

Melbourne (37° 49¹) liegt am Flusse Yarra-Yarra, der nur bei hohem Wasserstande eine kurze Strecke bis zur Stadt herauf, für mittlere Schiffe zugänglich ist. Eine Steinbrücke (mit einem Bogen von 150 Fuss Spannung) verbindet die beiden Ufer. Grössere Schiffe legen an der Mündung des Flusses, zu W i l l i a m s - t o w n, 9 Meilen von Melbourne, dem Laufe des Flusses nach, an, wohin auch eine kleine Eisenbahn (Railway Pier, Port Philipp) führt, die mit der Eisenbahn nach Geelong in Verbindung steht.

Docks fehlen noch. St. Kilda, im Süden des Yarra, 3 Meilen von Melbourne, ist eine besuchte Vorstadt.

Melbourne, auf mehreren niedrigen Hügeln ausgebreitet, bietet den Anblick einer neuen englischen oder amerikanischen Hafenstadt, mit meist gepflasterten Strassen, Gasbeleuchtung und zahlreichen öffentlichen Gebäuden, darunter 3 bedeckte Markthallen, ein schönes neues Rathhaus (Townhall), eine Universität (im Jahre 1856 eröffnet, mit 9000 L. St. jährlichem Staatszuschuss,) eine öffentliche Bibliothek mit grossem Lesesaal, wofür ebenfalls jährlich eine bedeutende Summe verwilligt ist. Bankgebäude, Theater, mehrere grosse Gasthöfe und viele Kirchen und Schulen, auch eine d e u t s c h e Kirche. Die Gesammtzahl der Schulen in Victoria betrug im Jahre 1851: 129,

	„	„	1857: 638,
Die der Kirchen	„	„	1851: 28,
	„	„	1857: 473.

Unter den öffentlichen Bauten sind auch die Yan-Yean-Wasserwerke zu erwähnen, als das grossartigste Werk in Australien. Das Reservoir ist 20 M. von Melbourne entfernt, 600 Fuss über dem Meere.

Die Verkaufsläden in Melbourne, worunter eine Passage (Arcade) mit 60 Läden, wetteifern mit den Londonern und die Strassen sind belebt von Omnibussen und Fuhrwerken aller Art.

Von der früheren Zeltenstadt (Canvasstown) ist nichts mehr zu sehen.

Der botanische Garten ist die Lieblingspromenade der Einwohner Melbourns. Er ist von grossem Umfange (80 Acres) und besitzt bereits reiche Sammlungen von Pflanzen und Thieren. Jede Woche einmal spielt die Militärmusik daselbst. Diesem botanischen Garten steht ein Deutscher vor: Dr. Ferd. Müller, rühmlich bekannt durch seine Reise im Norden von Australien (als Begleiter Gregory's), und durch seine Forschungen in der Alpengegend von Victoria.

Ein anderer Deutscher, Ludw. Becker, hält im Philosophical-Institute wissenschaftliche Vorträge. *)

---

*) Ludwig Becker aus Darmstadt, Naturforscher und Zeichner, von wissenschaftlicher Bildung, war, nach seinem Schreiben aus Melbourne vom 14. Sept. 1858, zu jener Zeit mit der Jllustration eines grossen naturhistorischen Werkes (das Professor Mac Coy auf Regierungskosten herausgab) beschäftigt, und Dr. Ferd. Müller, der Botaniker, mit einer illustrirten Australischen Flora, gleichfalls auf Kosten der Regierung von Victoria. (Beide Werke werden einige Jahre zur Vollendung erfordern.)

Auch besteht zu Melbourne ein deutscher Club, ein deutscher Gesangverein, eine deutsche Zeitung „der Kosmopolit," und seit Mai 1859 eine „deutsche Monatsschrift für Australien, herausgegeben von J. Kruse und H. Püttmann. (Melbourne und Sydney.)"

Von den vier in englischer Sprache erscheinenden Zeitungen zeichnet sich der viel gelesene „Argus" aus, dessen Druckerei zu den grossartigsten in Australien gehört.

Die Verfassungsangelegenheit von Victoria betreffend, wurde im November 1856 zum erstenmale der gesetzgebende Rath und die Assembly, aus 30 Mitgliedern bestehend, eröffnet. Gelehrte und Besitzer eines Landgutes von 100 L. St. Jahresertrag, haben das Recht, den Rath zu wählen. Besitzer eines Frei-

---

Becker, sowie auch Dr. Müller halten von Zeit zu Zeit Vorträge (in englischer Sprache) in dem Pilosophical Institute zu Melbourne. Einen interessanten Vortrag hielt Dr. Müller am 25. Nov. 1857 über die Entdeckungsgeschichte Australiens, und Becker in gleichem Jahre über die Nothwendigkeit Fluthmesser zu errichten, um mit deren Hülfe zu erforschen, wieviel sich die Küste in einem gegebenen Zeitraum hebe, (wie an der Eisenbahn von Adelaide nach Port-Adelaide deutlich zu sehen, die sich schon nach dem ersten Jahre ihrer Erbauung um 4 Zoll gehoben hatte.) Dieser Vortrag von Becker wurde besonders abgedruckt in den Transactions of the Philosophical-Institute of Victoria. Vol. I. 1857. (S. Notizblatt des Vereins für Erdkunde in Darmstadt von Jan. bis März 1859, das zugleich mehrere interessante Schreiben von Becker über die neuesten Entdeckungen Australiens enthält).

gutes mit 5 L., oder eines Pachtgutes von 10 L. Jahresertrag wählen die Assembly. Die Zahl der Wähler erster Classe ist ungefähr 10,000, die der zweiten Classe nahe an 60,000.

Mit Sydney (ca. 600 M.) und Adelaide (ca. 700 M.) steht Melbourne sowohl durch eine regelmässige P ost- linie, *) als durch eine elektrische Telegra- phenlinie in Verbindung, über Castlemaine, Sand- hurst und Albury, und mit der Hafenstadt Geelong, 25,000 Einw. (im März 1857 23,358), 39 Meil. von Melbourne, durch eine Eisenbahn.

Auch nach dem Golddistrikte von Sandhurst, 97 Meil. von Melbourne, ist ein Schienenweg im Bau, dessen erste Strecke (Sundbury, 23 Meil.) im Febr. 1859 eröffnet wurde.

Ausserdem fahren Dampfboote täglich von Mel- bourne nach Geelong (in 6 St.) und wöchentlich nach der Insel Tasmania (Launceston, 190 Meil. von Mel- bourne, wohin jetzt auch ein unterseeisch-elektri- scher Telegraph geführt ist), und eben so oft nach Adelaide und nach Sydney.

Bis die Eisenbahn nach den Golddistrikten ganz vollendet ist, gehen von Melbourne, auf gut unter- haltenen Landstrassen, beständig zwei-, vier- und sechsspännige Wagen dahin ab, theils um neue Ein- wanderer dahin zu bringen, theils um die dortige

---

*) Ein neues prachtvolles Postgebäude, (wovon eine Abbil- dung in den London illustrated news vom 2. April 1859 er- schien) ist im Plan.

Bevölkerung mit den nöthigen Bedürfnissen zu versehen. (Ende 1856 waren in Victoria 350 M. Strassen macadamisirt, mit 250 Brücken.)

Die gegenwärtige Zahl der Goldgräber (gold dig-
gers) in der Colonie Victoria beträgt weit über
Hunderttausend. Darunter befinden sich an 40,000
Chinesen, alle männlichen Geschlechts, gegen
welche die Regierung von Victoria in neuester
Zeit beschränkende Massregeln nehmen zu müssen glaubte. Auch in Melbourne wohnen viele
Chinesen. Für den Erlaubnissschein (license) der
Regierung, hat jeder Goldgräber monatlich 10 Schil-
linge zu zahlen (früher 30 Schill.); dafür kann er so
viele Löcher graben, als er will, doch keines grösser
als 12 Fuss im Quadrat.

Wie in Californien, haben die Goldgräber zugleich
Ackerbauer, Handwerker, Kaufleute und Viehzüchter
nach sich gezogen, lauter Ansiedler, die sesshaft bleiben und das Verkehrsleben erweitern.

Der Reichthum an Alluvialgold in Victoria ist
unermesslich.

Nach Dr. Ferd. Müller dürften die reichsten Gold-
ablagerungen wohl noch in den unerforschten Gründen
des Bogonggebirges zu finden sein.

Der gröste bis jetzt aufgefundene Goldklumpen
(Nugget) von gediegenem Golde, wog 2217 Unzen,
im Werthe von 9000 Liver Sterling. *)

---

*) Das Gold findet man, nach Dr. Bruhn, in Australien nicht
in eigentlichen Quarzgängen, wie in Brasilien, Neu-Granada etc.,
sondern theils an der Oberfläche des entblössten Felsens, theils

3

Von 1851 bis Ende 1857, wurden aus Victoria nach dem Report of the Registrar General 17,831,334 Unzen Gold, im Werthe von 67,530.835 Liver Sterl. ausgeführt.

Im Jahre 1856: 2.762.460. Werth 10.987.591 L. St.,

„ „ 1857: 2,555.263, „ 10.921.052 „

In Californien betrug die Goldausfuhr:

im Jahre 1856: 50.697,434 Doll. oder 10,139,487 L.St.

„ „ 1857: 48,976,697 „ „ 9,795,339 „

„ „ 1858: 47,548,025 „ „ 9.507,605 „

Davon gingen

	nach New-York:	nach England:
im Jahre 1856:	39,765.294 Doll.	8.666,289 Doll.
„ „ 1857:	35.287,778 „	9.347,748 „
„ „ 1858:	35,578,236 „	9.265.739 „

(S. Berliner Zeitschr. f. Erdkunde, Febr. 1859.)

Ausser Gold führt Victoria auch viel Wolle aus. Im Jahre 1852 20.047,453 Pfund. (S. Journal of the Statistical Soc. of London: An historical and sta-

---

um die Wurzeln der Bäume, und theils zwischen den Spalten des Thonschiefers.

Die Unternehmer und Gesellschaften, die auf Quarzgänge und grosse Goldgänge spekulirten, und theuere Maschinen und Personal anschafften, schlugen fehl und büssten bedeutende Summen ein. Der erfahrene Goldgräber gräbt sein Loch bis auf den Schieferfels hinunter (4 bis 20 Fuss tief) und dringt dann mit seinem Messer in die Spalten bis er eine goldreiche Spalte findet.

Für Goldgewinnung aus Quarz (die doch noch stattzufinden scheint) ist des Amerikaners Berden Patentmaschine die anerkannt beste.

tistical view of the Colony of Victoria by G. M.
Bell.) Nach demselben Verf. (Bell) zählte die Colonie Victoria am 31. Decbr. 1852: 6,551,506 Schafe,
431,800 Stück Hornvieh, 34,021 Pferde, 8996 Schweine.
Diess stimmt jedoch nicht mit neueren Angaben überein, wonach Victoria am 31. März 1857 im Besitze
von 4,641,548 Schafen, 646,613 Stück Hornvieh, 47,832
Pferden und 52,227 Schweinen gewesen sein soll, oder
man müsste annehmen, dass die Zahl der Schafe
in den 5 Jahren von 1852 bis 1857 um fast zwei
Millionen abgenommen hätte (was auch theilweise
wirklich der Fall zu sein scheint). Eben so wird die
Ausfuhr von Wolle im Jahre 1857 bloss zu
17,176,920 Pfd. bemerkt, während sie Bell im Jahre
1852 zu 20,047,453 Pfd. anführte. (S. oben.)

Talg bildet ebenfalls einen Hauptartikel der Ausfuhr von Victoria. Da man bei den Schafen in Australien bloss auf die Wolle spekulirt, so ist das
Fleisch derselben fast ohne Werth. (Im Jahre 1849
war der Preis der Schafe bis auf 2½ engl. Schill.
per Stück gesunken; jetzt ist er wieder durch die bedeutend gestiegene Bevölkerung in Victoria höher.)
Man kocht, wie in New-South-Wales, viele Schafe
zu Talg ein. Die Talgausfuhr von Victoria betrug:

im Jahre 1850: 89,780 Ctr. (4489 Tonnen),
„   „ 1851: 84,460 „ (4223 „).

Die Gesammtausfuhr von Victoria betrug, dem
Werthe nach, im Jahre 1851 1,422,909 Liv. Sterl.,
im J. 1857 15,079,562 Liv. Sterl. (einschliessl. Gold.)
Die Gesammteinfuhr im J. 1851 1,056,437 Liv.

Sterl., im J. 1857 17,256.209 Liv. St. (fast dreimal mehr, als in New-South-Wales).

Von letzteren (1857) kamen

für 10,122.201 L. St. aus England,

„ 5,601,841 „ „ brit. Colonien,

„ 782.846 „, „ den Ver. Staaten,

„ 749.321 „ „ „ andern Ländern.

Im Ganzen wurden in Victoria in den 7 Jahren von 1851 bis 1857 eingeführt für 82,854.284 L. St.

Die jährlichen Einkünfte von Victoria beliefen sich vom 1. März 1857 bis 1. März 1858 auf 3,402,049 L. St.*) (fast eine halbe Million mehr, als im vorhergehenden Jahre, und fast das dreifache von New-South-Wales.)

Schifffahrt.

Die Hafenbewegung von Victoria war wie folgt:

Eingelaufene Schiffe.	Ausgelaufene Schiffe.
1851: 710 Sch. v. 128,959 T.	657 Sch. v. 110,659 T.
1857: 2190 „ „ 694.564 „	2207 „ „ 684,526 „

Im Jahre 1856 kamen an:

in Melbourne . .	1535 Schiffe v.	468,949 T.,
in Geelong . . .	201 „	„ 37,194 „
in Port Albert . .	102 „	„ 16.575 „
in Portland, Port Fairy und Warnamlod .	82 „	„ 15,891 „
	1920 Schiffe v.	538.609 „

*) E. G. Ravenstein in London gibt die Einkünfte im Jahre 1856 zu 3,741,194 L. St. und die Ausgaben zu 3,481,128 L. St. an. (S. statistisch-geographische Mittheilungen über die britischen Besitzungen in Australien etc. Berliner Zeitschrift für Erdkunde, Juli 1859.)

An industriellen Anstalten besass die Colonie Victoria im Jahre 1859:

35 Bierbrauereien,

15 Seife- und Lichterfabriken,

12 Gerbereien,

11 Giessereien,

77 Getreidemühlen (darunter 61 mit Dampf),

45 Sägemühlen und

80 Dampfmaschinen (ohne die obigen Dampf- mühlen).

2. Südaustralien (South Australia).

Angrenzend an Victoria, in westlicher Richtung, liegt diese, im Jahre 1834 unter dem Namen „Süd- australien" gegründete Colonie, die sich mehr nach Nordwesten erstreckt, und von dieser Seite den Aus- gangspunkt für die neuesten Entdeckungsreisen in das Innere bietet.

Der Flächenraum von South-Australia beträgt 325,000 engl. Quadratmeilen (= 14,835 deutsche Q.-M.) mehr als 200 Millionen engl. Acres, ist also fast drei- mal so gross, als Grossbritannien und Irland, und um $\frac{1}{3}$ grösser, als Deutschland, wozu freilich auch die grossen Salzseen zu rechnen sind.

Die Bevölkerung von Südaustralien betrug im J. 1854 92,545 Seelen, und im J. 1856 104,708 S., darunter etwa 3000 Eingeborene. Die eigentliche feste Ansiedlung beschränkt sich grossentheils auf das Gebiet von Adelaide. (S. weiter unten.)

Zwei grosse Meerbusen (Spencer Golf und St. Vincent Golf) dringen hier tief in das Land ein und mildern im Sommer die Hitze durch die Seeluft. Vor dem Eingange in den St. Vincent Golf liegt die Känguru-Insel, wo die europäischen Dampfer zuerst anlanden. Am gleichen Meerbusen (St. Vincent-Golf) liegt die neue Hauptstadt Adelaide.

Von der Encounter-Bay an, gehört die lange Küstenstrecke dem südöstlichen Flachlande an.

Der bedeutendste Fluss von South-Australia und von ganz Australien, ist der Murray, der in die Encounter-Bay mündet und in der nassen Jahreszeit 1900 engl. Meil. weit schiffbar ist.

Die Zuflüsse des Murray liegen im Sommer fast ganz trocken und schwellen erst in der Regenzeit wieder an. (S. Flüsse.)

Zu den grossen Seen gehören: Lake Torrens, der im Jahre 1857 neu endeckte Lake Gairdner, Lake Alexandria etc.

Bergwerke.

Wodurch sich diese Colonie besonders auszeichnet, sind ihre Bergwerke auf Kupfer und Blei.

Berühmt sind die Kupfergruben von Burra-Burra, 90 Meil. nördl. von Adelaide, im J. 1845 von einer Actiengesellschaft (South-Australian mining association) eröffnet. Eine andere Grube (Kapunda mine)

50 M. von Adelaide wurde schon im Jahre 1842 eröffnet.

Das Bergwerk zu Burra-Burra lieferte im Jahre 1846 127,200 Ctr. (6360 Tonnen) Kupfererz mit einem Durchschnittsgehalt von 25 pCt., und im Jahre 1857 274,000 Ctr. (13,700 Ton.) desgleichen; also mehr als das doppelte in 11 Jahren.

Das Kapunda-Bergwerk im J. 1848 18,000 Ctr. Erz und im J. 1857 80,000 Ctr. Erz.

Diese Gruben sind noch auf eine lange Reihe von Jahren hinaus gesichert, und der Ertrag ist um so ergiebiger, je weiter man in die Tiefe dringt.

Obgleich jetzt auch zu Burra-Burra ein grosses Schmelzwerk errichtet ist, so wird doch das meiste Erz noch nach England (Swansea in Wales) verschifft,*) wegen der dortigen Billigkeit des Brennmaterials. (Eine Steinkohlengrube wäre in dieser Beziehung von grosser Wichtigkeit für Südaustralien.)

Der Hafen zur Verschiffung des Kupfererzes ist Port Henry, 25 M. von Burra entfernt. Der Weg nach Burra führt durch ein wellenförmiges Land.

Ein anderer aufblühender Minenort ist Kooringa. Bei dem Bergwerke von Burra-Burra sind gegenwärtig über 1000 Arbeiter beschäftigt und an 200

---

*) Auch nach Hamburg (zum Schmelzen), in Godefroy'schen Schiffen, die jedoch mehr Kupfererz aus Chili nach Hamburg bringen, wie überhaupt Chili weit mehr Kupfer als Australien erzeugt, und auch in England viel mehr davon eingeführt wird.

bei den Schmelzwerken. Das Städtchen Burra zählt an 5000 Einwohner.

Auch die Blei- und Silberbergwerke sind in Südaustralien von Bedeutung. Die Ausbeute der Wheal-Ellen silver-lead mine betrug im Jahre 1857 über 30,000 Ctr. Erz, woraus 90,000 Unzen Silber und 12,000 Ctr. Blei gewonnen wurden. Den Ertrag der anderen Bleigruben: Wheal-Watkins mine, Yattagolinga mine, Glen-Osmond mine, Wheal-Gawler mine, (letztere, 4 Meilen von Adelaide, ist die älteste seit 1841) kennt man nicht genau.

Deutsche Grubenarbeiter sind beliebt. In der Wheal-Gawler mine arbeiten nur deutsche Bergleute vom Harz, unter dem Berghauptmann Henkel.

Der Direktor der Grube ist ebenfalls ein Deutscher (Consul Stakemann). Ueberhaupt ist die Zahl der Deutschen in Südaustralien ziemlich beträchtlich. Reimer schätzte sie schon im Jahre 1851 auf ungefähr 8000 oder $\frac{1}{7}$ der ganzen damaligen Bevölkerung.

Davon wohnten etwa 2000 bis 2500 (meist Handwerker) in Adelaide.

Die ersten Deutschen kamen in den Jahren 1838—40 aus Preussisch-Schlesien und Ostpreussen hierher (Altlutheraner) mit ihren Predigern an der Spitze und gründeten mehrere Dörfer und Gemeinden, 20 bis 40 engl. Meilen von Adelaide, in südöstlicher und nordöstlicher Richtung.

Bei Mount-Barker, 5 deutsche Meilen südlich von Adelaide, befinden sich 2 deutsche Dörfer in einer reizenden Gegend, und 10 deutsche Meilen von Adelaide das blühende deutsche Städtchen Tanunda (indianischer Name) dessen Einwohner in Heilige und Weltkinder eingetheilt werden. Gerstäcker wohnte hier einem Gottesdienste bei und musste 32 Gesangbuchsverse mitsingen.

Ein weitläufiger Distrikt: Angas-Park, ist von einem Engländer, Angas, an Deutsche verpachtet. Auch Norton's place besteht fast ganz aus Deutschen.

Von Norton's place bis Tanunda sind es 15 englische Meilen; von da nach Gawlertown 16 Meilen, und von Gawlertown nach Adelaide 26 Meilen, wohin jetzt eine Eisenbahn und elektrischer Telegraph führt.

Der Ackerbau wird in Südaustralien sehr stark betrieben, wozu die fleissigen Deutschen am meisten beitragen. Die Zahl der angebauten Acres betrug im Jahre 1857: 235,900, davon waren über 300,000 Acres eingezäunt. (Fenced) aber noch nicht angebaut. In den 10 Jahren von 1847 bis 1857 wurden für verkauftes Kronland in Südaustralien 2,045,324 L. St. erlöst.

Weizen bildet die Hauptfrucht der Colonie. Mehl wird in Menge nach Victoria und New-South-Wales ausgeführt, sogar nach Ostindien und nach der Insel Mauritius. Dem Gewichte nach betrug die Mehlausfuhr im Jahre 1857 an 580,000 Ctr.

In der Nähe von Adelaide waren im Jahre 1855: 11 Dampfmühlen und 13 Windmühlen in Thätigkeit.

In ganz Südaustralien zählte man im Jahre 1856:

70 Getreidemühlen, darunter 63 durch Dampfkraft betrieben.

Bestellt waren im Jahre 1856:

mit Weizen	162,011	Acres
„ Gerste	7,828	„
„ Hafer	2,822	„
„ Mais	67	„
„ Kartoffeln	2,379	„
„ Weinreben	753	„
„ Gärten	4,149	„
„ Gras (Wiesen)	22,516	„
„ verschiedenem	898	„

Zusam. 203,423 Acres.

Die Getreide-Aussaat in Südaustralien geschieht im April und Mai, die Ernte im November. Das Korn wird gleich auf dem Felde gedroschen. Die liegen bleibenden Körner geben ein neues Kornfeld, wenn auch nicht so reich wie das vorhergehende, doch immer eine gute Ernte.

Ohne je gedüngt zu werden, hat der Boden noch nie eine eigentliche Missernte geliefert.

Erst das 3te Jahr wird der Acker wieder ordentlich umgepflügt und besäet.

Als Durchschnittsertrag rechnet man:

von 1 Acre	Weizen	17	Bushels (zu 60 Pfd.)
„ 1 „	Gerste	22	„
„ 1 „	Hafer	25	„
„ 1 „	Kartoffeln	60	Ctr.

Gerstäcker sagt (S. 318): „Ich habe Bauern in Tanunda gesprochen, die in einem Jahre 40 und im zweiten 15 Bushels Weizen vom Acker erndteten, (je nach dem heissen Wind oder zu feuchter Witterung)." Mais und Kartoffeln werden mehr in den hügeligen Gegenden gebaut. Auch Weinbau wird in Tanunda von einigen Deutschen getrieben, namentlich von Aug. Fiedler. Im J. 1856 waren 753 Acres Weinberge in Südaustr.; (im J. 1849 erst 197 Acres).

In der Viehzucht steht Südaustralien gegen Victoria noch zurück, obgleich auch hierin in der letzten Zeit eine bedeutende Zunahme stattfand. Nach Reimer zählte man in Südaustralien:

	Schafe:	Rindvieh:
im Jahre 1844	400,000	29,000,
„ „ 1849	1,500.000	100.000.
im Jahre 1856	1,551,452	Schafe
	411,008	Lämmer
Zusam.	1,962,460	
	272,746	Rindvieh,
	22.260	Pferde,
	27,594	Schweine,
	1,677	Ziegen.

Im Jahre 1857 war die Zahl

der Schafe	auf	2,075.800,
die des Rindviehs	„	310.400,
der Pferde	„	26.200,
der Schweine	„	31,100

gestiegen.

Die Schafzucht verbreitet sich immer mehr nach
dem Inneren zu, (bis 500 engl. Meil. von Adelaide)
wo man ausgedehnte Viehtriften und Heerden von
500 bis 1000 Stück und darüber findet.

Die Viehzüchter pachten das Grasland (Kronland)
von der Regierung gegen eine jährliche mässige Ab-
gabe. Die Rinder lässt man oft das ganze Jahr
hindurch wild in den Malleygebüschen herumlaufen.

Wo Rindvieh ist, wird auch Milch und Käse gewonnen.

Das schöne Grasland in den Ebenen um Adelaide verwandelt sich im Sommer in eine öde Wüste,
wo das Gras so verdorrt ist, dass es wie dürre
Stoppeln eines Kornfeldes erscheint und wenn man
darauf tritt, förmlich bricht.

Adelaide (25,000 E., im J. 1855: 18.259 E.) die
Hauptstadt von Südaustralien wurde durch Parlaments-
akte vom 15. Aug. 1834 gegründet, von einer englischen Gesellschaft, wobei sich auch Kaufleute und
Kapitalisten in Sydney betheiligten, die hier noch
jetzt bedeutendes Grundeigenthum besitzen.

Diese zunehmende Stadt liegt am östlichen Ufer
des St. Vincent-Golfs (zwischen der Bergkette, die
sich von S. nach N. in das Land hineinzieht und dem
Golf) zu beiden Seiten des kleinen (unschiffbaren)
Flusses Torrens, der die Stadt in 2 Theile (Nord
und Süd) scheidet und worüber mehrere Brücken
führen. Der südliche Theil (South-Adelaide) ist der
Sitz der Geschäftsleute, des Gouverneurs, der Ge-
richte, der Post, und vieler Wirthshäuser und Brannt-

weinschenken, während North-Adelaide mehr schöne
Landhäuser und eine Parkanlage (zur Promenade
dienend) besitzt.

Die Strassen sind alle breit und schnurgrade angelegt, einige auch mit Trottoirs versehen und ge-
pflastert. (Im Jahre 1851 hatte Adelaide noch kein
Pflaster und keine Gasbeleuchtung. S. Gerstäcker.)

In der Hauptstrasse (Hindley-Strasse, in der
unteren Hälfte Rundle-Strasse gen.) trifft man elegante Kaufläden. Auf einem freien Platze ist dem
Oberst Light, als Gründer der Stadt, ein Monument
errichtet.

Adelaide hat auch ein Theater und eine Rennbahn
(race ground), 5 englische bischöfliche Kirchen, 2
schottische, 2 katholische, 1 deutsche und mehrere
Bethäuser für Dissenters (darunter 1 für Quäker);
1 Gymnasium (St. Peter's College von der englisch
bischöflichen Kirche) mit 45 Schülern; 1 deutsche
Schule, nach dem Plane der höheren Bürgerschulen
Deutschlands, mit 33 Knaben und 22 Mädchen (im
Jahre 1851) und mehrere Privat-Erziehungsanstalten
für Knaben und Mädchen der reicheren Klassen. Im
Jahre 1851 erschienen in Adelaide 2 deutsche Zeitungen und später wurde eine neue von Rud. Reimer
herausgegeben.

Es besteht auch zu Adelaide eine deutsche
Liedertafel und ein deutscher Einwanderungs-
verein, der durch Rud. Reimer einen interessanten
Bericht veröffentlichte unter dem Titel: Südaustralien. Ein Beitrag zur deutschen Auswanderungsfrage.

Berlin bei Reimer 1851. 50 S." Ferner 1 deutsches Hospital.

An industriellen Anstalten besitzt Adelaide:

5 Maschinenfabriken,
4 Metallgiessereien,
3 Wagenfabriken.
3 Tabakfabriken.
4 Seife- und Lichterfabriken.
8 Lohgerbereien und
19 Bierbrauereien (darunter mehrere ausgezeichnete deutsche).

In ganz Südaustralien waren im Jahre 1856 nach amtlichen Angaben: 26 Brauereien, 22 Gerbereien, 13 Lichterfabriken, 8 Seifesiedereien, 1 Talgsiederei, 6 Giessereien und 15 Maschinenfabriken.

Handel von Südaustralien.

Im Jahre 1857 betrug
die Einfuhr 1,408,600 L. St. (im J. 1849 599,548 L. St.)
„ Ausfuhr 1,958,500 „ „ „ 403,167 „

Unter der Ausfuhr v. J. 1856 waren:

8,236,221 Pfd. Wolle . . im Werthe v. 412,163 L. St.
22,372 Tons Mehl . . „ „ „ 496,316 „
44,980 Ctr. Kupfer . . „ „ „ 248,460 „
9,468 Tons Kupfererz „ „ „ 156,351 „

Die Einkünfte beliefen sich im Jahre 1857 auf 726,300 Liver Sterling, die Ausgaben auf 664,300 Liver Sterling.

Unter letzteren waren:

184,130 L. St. für öffentliche Zwecke und

98,000 „ für Einwanderung.

Da Adelaide nicht dicht am Meere liegt, so führt eine Eisenbahn zu dem 8 engl. Meil. entfernten Hafen: Port Adelaide mit 3000 Einwohnern, wo sich das Zollhaus, Kaserne, Schiffswerfte, Waarenmagazine, ein grosser Gasthof und viele Schenkwirthe befinden. Der Eingang in den Hafen ist durch eine Sandbank erschwert, daher ein Dampfbagger aus England eingetroffen ist; doch können zur Fluthzeit Schiffe von 16 Fuss Tiefgang einlaufen.

Im Jahre 1856 kamen zu Port Adelaide an: 397 Schiffe von 106,741 Tonnen und in den übrigen Häfen 430 Schiffe von 113,661 Tonnen.

Darunter waren:

385 britische,

11 amerikanische,

10 holländische,

8 schwedische,

7 hamburgische.

Ausser Port Adelaide gibt es in Südaustralien noch folgende Häfen: Port Henry (für Ausfuhr von Kupfererz); Port Wakefield (für Kupfererz und Wolle); Port Robe (für Wolle); Port Elliot (zur Ausfuhr von Mehl, besonders was den Murray herabkommt); Port Augusta, im Hintergrunde von Spencer's Golf; und Port Lincoln (seit 1840) auf der Westseite des Golfs, 30 Meil. von Adelaide, mit Obelisk, zu Ehren Flinders, des ersten Entdeckers von Südaustralien·

Dieser Hafen ist der beste im Golf, und wird besonders von Wallfischfahrern besucht. In der Umgegend breitet sich die Schafzucht immer mehr aus.

Die Bergkette (Hindmarsh hills) zwischen Adelaide und dem Murray (etwa 30 Meilen vom unteren Murray) gehört zu den fruchtbarsten Landstrichen von Südaustralien, wo auch das deutsche Hahndorf und Barker's hill liegen. Diese Berge sind gegen die heissen Winde geschützt, leiden auch nicht so viel von Nässe und haben besseres Trinkwasser als die meisten anderen Gegenden

Nach Gerstäcker ist das Trinkwasser selbst in der Nähe von Tanunda noch in der Regenzeit salzig, und manchmal in heissen Sommern kaum geniessbar.

Im Jahre 1850 hat man in Adelaide den ersten artesischen Brunnen (100 Fuss tief) gegraben, der täglich an 5000 Gallonen Wasser liefert.

Nach Reimer sollte auch eine Wasserleitung von den 4 Meilen entfernten Bergen gebaut werden.

Adelaide steht durch eine elektrische Telegraphenlinie mit Melbourne (700 Meilen) in Verbindung, über Willunga, Port Elliot, Goolwa (Mündung des Murray), Portland, Ballarat und Geelong, und von Melbourne aus mit Sydney und mit der Insel Tasmania.

Insel Tasmania (früher Van Diemen's-Land).

Der seitherige Name (Van Diemen's-Land) wurde im Jahre 1855 von der britischen Regierung in den gegenwärtigen (Tasmania) umgeändert, zu Ehren des ersten holländischen Entdeckers Abel Jansen Tasman (1642), und weil auch schon im Norden von Australien ein Van Diemen's-Land liegt.

Eine frühere (d. h. vor Tasman unternommene) Expedition längs den australischen Küsten, unter dem holländischen Generalstatthalter van Diemen (1636), hatte das Land kaum berührt. Auch Cook (1770) hatte es nicht ganz umschifft. Erst in der letzten Hälfte des 18ten Jahrhunderts wurde es als Insel erkannt, durch Flinder's und Bass, die es in den Jahren 1798/99 völlig umschifften.

Tasmania liegt gegenüber der Südspitze des australischen Continents, von dem es durch eine 130 Meilen breite und 350 Meilen lange inselreiche Wasserstrasse (Bass-Street) getrennt ist. Die Insel ist fast so gross wie Schottland (ca. engl. 24000 Quadr.-Meil.), voll Bergen, Hochebenen und fruchtbaren Thälern.

Der Canal Dentrecasteaux, 30 Meilen lang und 1 bis 8 Meilen breit (nach dem französischen Seefahrer so genannt, der ihn im Jahre 1793 untersuchte), bildet die südliche Bucht der Einfahrt nach Hobarttown.

Auf der 180 Meilen langen Westküste sind die Berge meist steil und dicht bewaldet; auf der Süd-

ostküste aber mit tiefen und sicheren Häfen versehen. 6 Leuchtthürme stehen an verschiedenen
Stellen.

Ueberall treten kühne und grossartige Bergformen
hervor, worunter man 3 grössere Gebirgsmassen unterscheidet.

Im Westen von Hobarttown erheben sich die sogenannten Western-Mountains, ebenfalls mit dichtem
Urwald bedeckt, welche die Wasserscheide der Insel
bilden, mit dem Tafelberg Wellington (3964 Fuss),
dessen Spitze 8 Monate lang mit Schnee bedeckt ist.
Nach dem Derwent zu laufen die Höhen im Hügel-
land aus.

Tasmania hat ein schönes, dem deutschen ähnliches
(obgleich mehr dem Wechsel unterworfenes) Clima, und
(wie oben bemerkt) fruchtbare, gut bewässerte Thal-
gründe. Die Vegetation ist hier im Ganzen viel
frischer und üppiger, als auf dem Festlande. Die
Gummibäume erreichen eine Höhe von 150 bis 180 Fuss.
Obst und Gemüse gedeihen besonders gut, namentlich Aepfel, Birnen, Pflaumen, Kirschen etc. Viele
Aepfel werden nach Melbourne ausgeführt. Alle englischen Gewächse, die in dem heissen New-South-
Wales gar nicht oder nur kümmerlich gedeihen, kommen
hier fort. Hopfengärten sieht man an verschiedenen Orten. Auch viele Heckenumzäunungen von
Hagedorn und wohlriechenden Feldrosen.

Der Winter ist mit dem mildesten Winter in England zu vergleichen. Man trifft aber zuweilen schon
im dortigen Herbst (Mai) Schnee und sogar im hohen

Sommer herrscht des Nachts eine fühlbare Kälte. An der West- und Südküste überwiegen die heftigen Südwestwinde; an der Ostküste tritt der Einfluss des stillen Oceans entgegen.

Von etwa 16 Millionen Acres, welche Tasmania besitzt, ist das meiste Waldland. Ueber 2 Mill. Acres (2,009,477) sind als Weideland (Grazingland) verpachtet, und über 180,000 Acres sind angebaut. Der Ausbreitung des Ackerbaues steht das viele Bergland entgegen, doch trifft man schöne Weizenfelder, deren Ertrag theilweise zur Ausfuhr nach Victoria dient.

Im Jahre 1857 waren bestellt: 185,556 Acres, die folgenden Ertrag lieferten:

1,253,892 Bushels Weizen,
513,918 „ Hafer,
124,283 „ Gerste etc.

Eine Agrikultur-Gesellschaft betreibt Viehzucht und Ackerbau im Grossen.

Im Jahre 1856 betrug die Zahl

der Schafe	1,614,987 *)
des Hornviehs	88,608
der Schweine	30,074
der Pferde	18,109
der Ziegen	3,055

An Mineralien findet man Eisen, Kupfer, Blei,

---

*) Eingeführt wurden in Tasmania von New-South-Wales und Victoria im Jahre 1856 81,256 Schafe.

Silber, Gold, und seit Kurzem auch Steinkohlen (bituminous coal) zu Fingal. Eine andere Kohlengrube, in der Nähe von Port Frederik, auf der Halbinsel von Port Arthur besteht meist aus Anthracit.

Tasmaniens Ausfuhr geht hauptsächlich nach dem australischen Continent und nach England. Die Hauptausfuhrartikel sind: Bauholz, Schafwolle, Wallfischthran (whale oil), Seehundsfelle, Talg, Hafer (im J. 1856: 298,726 Bushels), Mehl (im J. 1856: 6474 Tons), Weizen, Obst, Gemüse etc.

Im Jahre 1856 wurden ausgeführt dem Werthe nach, für 112,753 L. St. Bauholz, für 142,980 L. St. Getreide, für 10,317 L. St. Hopfen, für 319,961 L. St. Wolle. Im Jahre 1857 für 393,640 L. St. Wolle (4,095,177 Pfd.)

Tasmania eignet sich besser zur Schafzucht als das Festland, weil es keine wilden Hunde (daher auch keine Nachtwachen) hier gibt und keine Dürren.

Im Jahre 1856 wurden im Ganzen eingeführt für 1,442,106 L, St. Davon kamen:

812,745 L. St. aus Grossbritannien,
545,635 „ „ brit. Colonien.

Alle Artikel der Einfuhr sind zollfrei, ausser Wein, geistigen Getränken, Zucker, Thee, Kaffee und Guano, die einem mässigen Zolle unterliegen.

Schifffahrt.

Die Zahl der im Jahre 1856 in den beiden Häfen Hobarttown und Launceston eingelaufenen Schiffe war:

in Hobarttown 531 Schiffe v. 103,179 T.

„ Launceston 294 „ „ 45,937 „

Zusam. 825 Schiffe v. 149,116 T.

In ganz Tasmania kamen im gleichen Jahre an, (einschliesslich Port Frederik und Circular head):

934 Schiffe von 157,826 Tonnen.

Darunter befanden sich:

118 britische von 33,478 T.

793 aus brit. Colon. „ 118,870 „

4 amerikanische „ 1,321 „

7 holländische „ 1,227 „

6 schwedische „ 897 „

2 deutsche „ 825 „

2 französische „ 577 „ und

178 Schiffe „ 21,212 „ (in Ballast).

Der südwestliche Theil von Tasmania war bis zum Jahre 1850 noch fast unbekannt. In diesem Jahre (1850) wurde zuerst von Hobarttown aus, eine Expedition dahin, auf Kosten der Colonial-Regierung unternommen. Man traf dort werthvolle Waldungen und Viehweiden; die Berge bestehen meist aus Quarz vom Granit durchbrochen.

Schon im Jahre 1817 liess der Gouverneur Sorell eine Kunststrasse (chaussirte Strasse) zwischen Ho-

barttown und Launceston (124 Meilen) durch die
Deportirten anlegen. Der Eilwagen legt den Weg
in 12 Stunden zurück. Auch ein elektrischer Telegraph verbindet jetzt diese beiden Städte miteinander,
und ein unterseeischer Telegraph ist seit Kurzem von Hobarttown und Launceston nach Melbourne
gelegt, über Circular Head und Kings Island nach
Cap Otway (Victoria). (S. Hobarttown Mercury vom
11. August 1859.)

Nach allen Städtchen und Niederlassungen von
einiger Bedeutung gehen von Hobarttown und Launceston t ä g l i c h Stationskutschen (Art Omnibusse) mit
Pferdewechsel ab, nämlich:

Von Hobarttown nach	Brown's river settlem.	10	M.
„	„	..	Huron river „	22 „
„	„	,.	New-Norfolk. . .	21 „
„	„	„	Launceston . . .	124 „
Von Launceston nach	Campbelltown . .	42	M.
„	„	„	Carrick (20) u. Deloraine	30 „
„	„	„	Evendale	11 „
„	„	„	Oatlands	70 „
„	„	„	Perth	11 „
„	„	„	Westbury	20 „

Die erste Niederlassung in Tasmania geschah im
Jahre 1803 von Sydney aus, am Ufer des Derwent,
(Hobarttown) mit Soldaten und Deportirten. Eine
ähnliche Strafcolonie wurde bald darauf im Norden
(zu Launceston) gegründet. (Seit 1853 werden auch
in Tasmania keine Sträflinge mehr zugelassen.)

Erst im Jahre 1813 wurde die Insel für freie
Einwanderer eröffnet und im Jahre 1825 erhielt sie
ihre selbstständige Verwaltung, Gerichtshöfe und
executiven Rath.

Schotten bildeten die grösste Anzahl der ersten
freien Ansiedler, daher auch so viele schottische
Namen von Bergen und Flüssen vorkommen. Ueberhaupt zeichnen sich die Schotten hier wie in Canada
und anderwärts durch ihren Unternehmungsgeist aus.

Tasmania war früher in 9 Polizeidistrikte eingetheilt:

Im Süden: Hobarttown, New-Norfolk, Richmond, Clyde, Oatlands.

Im Norden: Oysterbay, Campbelltown, Launceston, Norfolk Plains.

Jetzt bestehen 13 Wahlbezirke (Electoral Divi-
sions), nämlich:

Im Norden und Westen: Cornwall, Morven, Long-
ford, Westbury, Cumberland, Huon.

Im Osten und Süden: Campbelltown, Oatlands,
Brighton, New-Norfolk, Sorfolk, Richmond
und Buckingham.

Im Jahre 1854 zählte die Bevölkerung Tasmaniens 64,874 Köpfe, (darunter 11,718 britische
Sträflinge) und nur noch 16 Eingeborene. Im März 1857
war die Bevölkerung auf 80,802 Seelen gestiegen.
(ohne 690 Militär mit Familien). Darunter 45,916
männlich und 34,886 weiblich.

Im Jahre 1853 wanderten von Tasmania nach

Victoria (dem Goldlande) aus: 9647 Personen und nach New-South-Wales 1064 Personen.

Dagegen kamen wieder 9525 neue Einwanderer in Tasmania an.

In hydrographischer Hinsicht besitzt Tasmania 2 Hauptflüsse:

1) im Süden den Derwent, der vom westlichen Gebirge kommt und sich in eine lange, breite und tiefe Bucht (Storm Bay) ergiesst, an deren Ufer sich die Stadt Hobarttown ($42^0 54^1$), mit 20,000 (im Jahre 1856: 18,258) Einwohnern, mit trefflichem Hafen und graden, rechtwinkeligen Strassen ausbreitet, ungefähr 1000 englische Meilen von Sydney entfernt. Freundliche Landhäuser und Gärten schmücken die Höhen. Dieser Hafen (am Eingang 7 bis 8 Meilen, weiter hinauf 1 bis 2 Meilen breit) ist besonders günstig gelegen für die Wallfisch- und Seehundfänger der Südsee. Ausser mehreren Thranbrennereien gibt es hier mehrere Bierbrauereien, eine grosse Tuchfabrik etc.

Auf Mount Nelson (5 Meilen von Hobarttown *) ist ein Telegraph errichtet, der die Ankunft und Einfahrt der Schiffe in die Bucht signalisirt. Ein ähnlicher Telegraph besteht am Tamar (bei Launceston).

2) Im Norden ist der Hauptfluss der Tamar, mit Ebbe und Fluth, wie der Derwent bei Hobarttown, nur schmäler ($^3/_4$ bis 3 Meilen breit).

---

*) Hobarttown wird jetzt auch häufig Hobartton geschrieben (wie Launceston).

An der Mündung des Tamar liegt der kleine Ort Georgetown, 40 Meilen von Launceston; höher hinauf Yorktown und im Hintergrunde die Hafenstadt Launceston mit 8000 Einwohnern (1856: 7874), 190 Meilen von Melbourne entfernt.

Oberhalb Launceston fallen die beiden (nicht schiffbaren) Flüsschen North-Esk und South-Esk, in den Tamar, mit angrenzenden fruchtbaren Thälern, voll Meiereien und Heerden. Am South-Esk zeichnen sich die sogenannten Norfolk plains aus, voll üppiger Wiesen.

An der Westküste ist noch der Fluss Arthur zu erwähnen, der jedoch an Wichtigkeit den beiden obengenannten nachsteht.

Port Arthur (wo Militärstation und Depot für Sträflinge) liegt an einer schönen Bucht gleiches Namens, die sich nach Süden zu öffnet.

Von Longbay bis Norfolk (6 Meilen) führt eine Eisenbahn, deren Waggons von Sträflingen gezogen werden.

Im Südwesten ist ein neuer Hafenort (Port Davey oder Bathurst) im Entstehen, 95 Meilen von Hobarttown.

Westaustralien. (Western-Australia.)

Diese westliche Colonie (im Jahr 1827 unter dem Namen „Swan river" gegründet) ist die am wenigsten bevölkerte von allen australischen Colonien.

Die Ursache ist, dass sie im Ganzen nicht den Erwartungen entspricht, die man (nach den allzuvortheilhaften Schilderungen früherer Reisenden) davon gehegt.

Auch ist diese Colonie seit 1851 zum Strafort für britische- verwiesene Verbrecher (Convicts) bestimmt, wozu früher Sydney und Tasmania dienten.

Das grosse westliche Küstenland*) besteht grossentheils aus sandigem Flachland oder steilen Dünen, und hat weder gute Häfen noch grosse Flüsse.

Champion Bay ist der einzige Ankerplatz für grössere Schiffe an dieser Küste. Ausserdem gibt es keinen einzigen sichern Hafen, nicht einmal für Boote (Port Leschenault etwa ausgenommen), und die Vorhandenen werden durch Sandbänke sehr erschwert.

Das Einförmige des Landes wird blos durch eine waldige Bergreihe (Darling hills, 50 Meilen von Perth) unterbrochen. Erst jenseits dieser Berge zeigt sich besseres Land, das jetzt zum Anbau benutzt wird.

Im Jahre 1855 betrug die Zahl des angebauten Landes 14693 Acres, der Schafe 183,134, und des Hornviehs 21,073 Stück.

Im October 1857 machte der Gouverneur dieser Colonie (A. E. Kennedy) eine Reise nach den nörd-

---

*) Im Süden vom Schwanenfluss rechnet man das Küstenland vom Cap Leeuwin bis Port Philipp (Melbourne) 1500 englische Meilen lang.

lichen Bezirken: Champion-Bay und Port-Gregory, von wo aus Weizen, Käse, Wolle und Kupfererz verschifft werden. Sträflinge arbeiten hier an einem neuen Landungsplatze. Vom Port-Gregory aus, dessen Einfahrt eng und schwierig ist, wird das Blei der Geraldinegruben (36 Meilen landeinwärts) verschifft. Ueberall trifft man Spuren von Metallreichthum (ob wohl auch Steinkohlen?). Das beste Ackerland ist bei Gingin, 54 Meilen von Perth. An gutem Weideland fehlt es nicht. Die Eingebornen gehen hier noch völlig nackt, sind gutartiger Natur, nehmen aber rasch ab.

Die Hauptstadt von Westaustralien ist Perth, am rechten (nördl.) Ufer des Schwanenflusses, mit ungefähr 3000 Einwohnern, darunter viele Katholiken, die hier ein Seminar besitzen. Die Bevölkerungszunahme ist nur gering.

Der Hafen von Perth ist Freemantle, ebenfalls von etwa 3000 Einwohnern (im Jahre 1854: 2773). Dieser Ort liegt an der Mündung des Flusses 11 Meilen unterhalb Perth; vor derselben Mündung liegt die Insel Rottenest, seit 1839 zur Strafcolonie für die schwarzen Eingebornen bestimmt.

Zwei andere kleine Hafenorte sind Albany und Guildford. Zwischen diesen beiden Orten und Perth besteht eine Dampfbootverbindung. Perth, Freemantle und Albany treiben Wallfischfang.

Ein neubegründeter Ort im Innern 60 Meilen von Perth, am obern Schwanenflusse, ist York.

Die Bevölkerung von Westaustralien betrug im Jahre 1856: 13391 Seelen (8946 männlich und 4445 weiblich).

Landbau:

Angebaut waren 18063 Acres. Davon:

9712 Acres mit Weizen,
3458　„　　„　Gerste,
433　„　　„　Hafer etc.

Viehstand:

177,717 Schafe,
23,207 Hornvieh,
5,408 Pferde,
6,247 Schweine,
1,258 Ziegen

Handel:

Einfuhr im Werthe von 122,938 L. St.
Darunter 100,312 L. St. aus England und
19,031　„　　„　brit. Colonien.
Ausfuhr 44,000 L. St.

Darunter:

500,996 Pfd. Wolle,
60 Tons Blei,
57　„　Kupfer,
77½ „　Oel (Whaleoil)
und für L. St. 9671 Bauholz.

Schifffahrt:

Angekommene Schiffe:

in Freemantle . . . 50 Sch. v. 12,713 T.

„ Albany . . . . 37 „ „ 8,300 „

„ Vasse und Gregory 35 „ „ 5,668 „

Zusam. 122 Sch. v. 26,681 T.

Darunter waren 41 Amerikanische von 12,930 Tonnen; die übrigen Britische und aus brit. Colonien.

Einkünfte im Jahre 1856: 51,170 L. St. Ausgaben 46,990 L. St.

Nordaustralien.

Port-Essington.

Schon in den Jahren 1824 und 1826 wurden, von Sydney aus, von Seiten der Regierung von New-South-Wales, auf der äussersten Spitze der Nordküste (Melville-Island, Apsley-Strait) eine Ansiedlung oder vielmehr ein Militärposten gegründet. (Apsley-Strait wird der Canal oder Meeresarm genannt, 46 Meilen lang und von 4 bis 1¼ Meilen breit, der die Inseln Melville und Bathurst von einander trennt.)

Die dortige neue Niederlassung erhielt den Namen: „Fort-Dundas," musste aber im Jahre 1829, wegen Ungesundheit des Climas und Mangel an frischem Fleisch und Gemüse, wieder aufgegeben werden. Ochsen und Schafe starben in kurzer Zeit weg, und europäische Gemüse kamen nicht fort, obgleich der Boden fruchtbar und die Bewässerung reichlich ist.

Myriaden weisser Ameisen zerstören daselbst Alles, was in ihrem Wege liegt, in und ausser den Häusern. Während der Regenzeit strömt es, wie in allen Tropenländern, vom Himmel herab, und in der trocknen Zeit (von Juli bis September) fallen starke Nachtthaue. Dabei ist die Luft drückend schwül, und häufig ohne Bewegung. Die Europäer fühlen sich in diesem Clima ausserordentlich geschwächt; doch wirkt es, bei gehöriger Vorsicht, gerade nicht tödtlich, und selbst in der Regenzeit können die Colonisten immer ein paar Stunden des Tags im Freien arbeiten.

Die beiden Inseln Melville und Bathurst, sind voll Sümpfe und dichter Mangrovewaldung, mit unzähligen Mosquitos, die von Sonnenaufgang bis zum Sonnenuntergang schwärmen und die Menschen belästigen. Auch gibt es hier viele Fledermäuse (Vespertilio Vampyrus L.), Schlangen und Krokodille; daneben aber auch die schönst gefiederten Vögel, Känguru's, Oppossum's, wilde Hunde etc.

Die Eingebornen auf der Insel Melville sind in der Regel stark und kräftig und im Ganzen von wildem Charakter; sie sind gewöhnlich in Abtheilungen von 40 bis 50 getrennt.

Ausführlicheres hierüber findet man in dem „Geographical Memoir of Melville Island and Port-Essington, by Major Campbell, formerly Commandant at Melville Island. Read before the London Geogr.

Soc. on 12. & 20. May 1834." (S. Journal of the Royal Geogr. Soc. vol. IV. 1834 part II.)

Ein neuer Versuch zu einer Ansiedelung wurde (gleichfalls von Sydney aus) im Jahre 1831 gemacht, etwas östlich vom frühern Fort-Dundas, in einer besseren Lage, den erfrischenden Seewinden mehr geöffnet, auf der 5 bis 15 Meilen weiten Halbinsel Cobourg in $11^0 \, 6^1$ südlicher Breite und $132^0 \, 12^1$ östlicher Länge, und derselben der Namen Port-Essington oder Victoria gegeben. Hier ist ein guter und sicherer Ankerplatz. Bei dem Wechsel des Monds und bei Vollmond steigt die Fluth 10 Fuss hoch. Von der Insel Neu-Guinea ist Port-Essington nur 540 englische Meilen entfernt, von Celebes 760 Meilen. Man hoffte, mit der Zeit einen lebhaften Verkehr mit den Sundinseln, mit Asien und China zu erzielen; allein nur selten kamen Schiffe hieher; und die Durchfahrt durch die Torresstrasse kann, wie bereits oben bemerkt, nur von Mai bis September geschehen und dann nicht ohne Gefahr. Die Folge war, dass auch diese vereinsamte Station, die noch Leichhardt im Jahre 1845 als Ziel seiner Entdeckungsreise besuchte, später aufgegeben wurde. Der Präsident der geographischen Gesellschaft in London (Sir R. Murchison) hat es in seiner Rede, bei der letzten Jahresversammlung dieser Gesellschaft am 23. Mai 1859, sehr bedauert, dass die Regierung sich zu diesem Schritte entschlossen, trotz den Bitten des verstorbenen Sir Gordon Bremer, eines ausgezeichneten Seeoffiziers und seiner noch lebenden Ge-

fährten: Capitain Stokes und Drury, um einen Zu-
fluchtshafen für die britischen Kauffahrer im Frieden,
oder einen Sammelplatz für britische Kriegsschiffe im
Kriege für die wenig beschützte Küste von Neu-Süd-
Wallis zu erhalten, da es bekannt, dass die Franzosen sich seit längerer Zeit bemühen, Häfen in den
südlichen Meeren fest zu gründen und sie mit Kriegs-
schiffen zu füllen, wie es z. B. mit Neu-Caledonien der Fall ist. „Wenn (fährt Sir R. Murchison
fort) unsere bisherigen Verbündeten (und mögen sie
es lange bleiben) diese Inseln nur für Handels-
zwecke besetzten, so könnte man wenig Notiz davon
nehmen. Man weiss jedoch, dass ihre Kriegsschiffe
in jenen südlichen Meeren und Bayen viel zahl-
reicher sind als die unsern, daher unsere Aus-
sichten auf Vertheidigung der langen Küstenstrecken
von Ost- und Südaustralien nur höchst unbefriedi-
gend sein können."

(Noch im Jahre 1857 verwilligte die britische Regierung
die Summe von 5666 L. St. für Nordaustralien. Es wäre also
doch möglich, dass die dortige Station beibehalten würde).

ZWEITER ABSCHNITT.

~~~~~~~~~

Clima von Australien.

Bei einem Lande das über 30 Breitegrade ein-
nimmt (von 11° bis zu 43° südlicher Breite) sind
natürlich Verschiedenheiten in dem Clima zu erwarten.

Das Festland von Australien lässt sich (nach Meinike) am besten in 3 grosse Theile scheiden:

1) das nördliche ganz tropische Australien,
   das vom Cap North (York) bis zum Cap Sandy
   geht, und die Nordwest-, Nord- und Nordostküste umfasst;

2) das mittlere subtropische, mit der Ost-,
   Süd- und Westküste, wo der Wechsel der
   Jahreszeiten bereits in die der nassen und
   trockenen übergeht;

3) das südliche gemässigte, wozu Tasmania
   gehört, (auch Neu-Seeland) und wo die Südwestwinde vorherrschen.

5

In dem tropischen Australien ist das Wetter durch die Monsune bedingt, ähnlich wie in Indien.

In dem subtropischen herrscht oft grosse anhaltende Dürre; in New-South-Wales dauerte solche schon einmal 4 volle Jahre hindurch (von 1841—44). Auch die Jahre 1789, 1798 und 1799, 1813/14, 1826, 1838 etc. gehörten zu den sehr trockenen. Im Jahre 1813 regnete es daselbst in 10 Monaten nur 2 Stunden lang, wodurch grosser Futtermangel entstand und an 5000 Schafe und 3000 Stück Rindvieh umkamen. (S. Blackiston-Wilkinson). Ebenso berichtet Gerstäcker, dass im Jahre 1851 in der Nachbarschaft von Albury am obern Murray, in New-South-Wales, entsetzlicher Futtermangel und grosse Viehseuche herrschte. Nicht ein Grashalm war in Berg oder Thal zu sehen und Tausende von Schafen und Rindern gingen zu Grunde. Seit 16 Monaten war kein ordentlicher Regenschauer gefallen. Dabei heisser, sengender Wind und Wolken von Staub, und Ungeziefer die Fülle in Hütten und Häusern. (Gerstäcker S. 93.)

Am Macquarie, der in den obern Darling fliesst, fand Sturt eine fürchterliche Hitze. Der Zucker schmolz in den Blechbüchsen und Moskitos fanden sich in zahllosen Schwärmen ein. Auf den von der Sonne erhitzten Steinen wurden mehrmals dünne Fleischschnitten geröstet.

In Südaustralien trocknet die Hitze in den Sommermonaten den Erdboden ebenfalls so aus, dass das Gras wie dürre Stoppeln eines Kornfeldes erscheint

und wenn man darauf tritt, förmlich bricht. Die
Regengüsse wirken aber wahrhaft zauberisch auf das
Wachsthum der Pflanzen und in Zeit von 2 bis 3
Tagen schimmert schon die Gegend in dem zartesten
Grün. (So mag es sich auch mit der Umgegend des
Torrens-Sees verhalten.)

Die Regengüsse sind oft wahre Wolkenbrüche,
und in der Nähe von Bergen verursachen die vom
Gebirge herabstürzenden Wasserströme plötzliche
und verheerende Ueberschwemmungen.

In Südaustralien ist übrigens eine so gänzliche
anhaltende Dürre, wie in Ostaustralien (New-South-
Wales), noch nicht vorgekommen und der heisse
Wind dauert nie länger als 2 bis 3 Tage.

Im Ganzen hält das Clima in Südaustralien ungefähr die Mitte zwischen den Ländern der gemäs-
sigten Zone und den Tropen, und wird, trotz der
ausserordentlich schnellen Veränderung der Temperatur, für sehr gesund gehalten. (Reimer S. 10.)
Der Winter bringt selten Schnee und Eis nach Südaustralien; doch ist die Temperatur meistens so weit
abgekühlt, dass man fast überall ein gemüthliches
englisches Kaminfeuer findet.

W. B. Clarke berichtete unterm 1. Juni 1855 aus
St. Leonards in New-South-Wales über eine merkwürdig strenge Witterung in Australien um jene Zeit.
Das antarktische Treibeis hatte eine hohe äquatori-
ale Breite erlangt, wie nie zuvor, und das Meer an
jener Stelle war damit angefüllt gewesen. (S. Petermann's geographische Mittheilungen 1856, S. 158).

In Sydney ist der Winter für Europäer sehr
angenehm und erfrischend, daher auch so manche
in Ostindien lebende Engländer den Aufenthalt in
dieser Stadt als eine Sanitätsstation betrachten, gleich-
sam als ein zweites Montpellier, wo sie zugleich
europäisches Leben und europäische Gewohnheiten
wieder finden.

Nach Kirchner war die grösste Kälte in Sydney
im Jahre 1846 am 24. *) Juli = 8⁰ R. und die grösste
Hitze am 28. Januar = 28⁰ R. Die Durchschnitts-
kälte 11⁰ R., die Durchschnittshitze 18⁰ R. (Vergl.
damit Neu-Seeland).

Pflanzen.

Der Reichthum der australischen Pflanzenwelt ist
bekannt. Man hat dort schon weit über 1000 neue
Pflanzenarten entdeckt, und an Schönheit der Wald-
blumen und Blüthen übertrifft wohl kein Land Australien, daher auch die Engländer ihrer ersten Niederlassung an der Ostküste den Namen „Botany-Bay"
gaben. Die englischen Botaniker Sir Joseph Banks
und Dr. Solander (Cook's Begleiter) fanden allein in

*) Die Jahreszeiten sind in Australien umgekehrt von den
europäischen. Der Winter fällt dort in die europäische Som-
mermonate, und der Sommer in die europäische Wintermonate.
Die heissesten Monate sind im Januar und Februar. Im Februar und März zeigen die zunehmenden Gewitter das nahe
Ende des Sommers an. Gegen Ende Mai herrscht beständig
klares Wetter.

der Nähe von Botany-Bay in kurzer Zeit gegen 400 neue Pflanzenarten vor, und der deutsche Botaniker Dr. Ferd. Müller sammelte auf seiner Reise im Norden im Jahre 1855 (als Begleiter Gregory's) an 1500 verschiedene Species, von denen 500 wenigstens noch nicht beschrieben waren.

Zu den vorherrschenden weit verbreitetsten Pflanzen Australiens gehören die Gummibäume oder Eucalypten (zur Familie der Myrteen gehörig), die überall in Menge vorkommen. Im Süden trifft man sie oft von ungeheurem Umfange, bis zu 180 Fuss Höhe, und gerade gewachsen. Die grösseren Gummibäume sollen jedoch (nach Gerstäcker) im Herzen meist faul sein. Die Aeste fangen häufig erst 80 bis 100 Fuss vom Boden an, geben daher wenig Schatten. Die Blätter sind mehr hart und lederartig, enthalten zur Zeit der Dürre nicht die geringste Feuchtigkeit und brechen dann wie Glas. Es fehlt den australischen Pflanzen überhaupt der Glanz und die Frische der europäischen und amerikanischen Pflanzen, und die Pracht und Fülle der tropischen Wälder. Neue Blätter verdrängen stets die alten, so dass die Bäume das ganze Jahr hindurch grün erscheinen, aber die steifen Blätter der Gummibäume verdienen kaum den Namen Laub. Eigentlichen undurchdringlichen Urwald findet man in Australien nicht. Die Bäume sind mehr in Gruppen vertheilt.

Der gewöhnlichste Gummibaum ist der Faserrindenbaum (Eucalyptus robusta, engl. Stringy bark), dann der rothe Gummibaum (Eucalyptus rubra), der blaue (Eucalyptus globul.) und der gelbe oder Grasbaum (Xanthorrea). Letzterer erhebt sich Anfangs gegen 15 Fuss, lässt dann lange binsenähnliche Blätter herabhängen, und aus der Mitte steigt ein weiterer Stamm von 15 bis 20 Fuss Höhe, der sich in eine spiralförmige Aehre endigt. Auch gibt es einen Pfeffermünzbaum (Eucalyptus piperita), der stark nach Pfeffermünzkraut riecht.

Boxwood (Unterholz) gehört ebenfalls zu den Gummibäumen, nur mit etwas anderer Rinde.

Aus allen diesen Bäumen schwitzt mehr oder weniger Gummi heraus, von der Grösse einer Erbse bis zu einem Gänsei, das bei dem rothen Gummibaum in grossen scharlachrothen Linien am Stamme herunterläuft. Bei Sonnenaufgang, wenn die Sonne durch die durchsichtige Gummimasse scheint, sieht es aus als ob die Bäume mit kleinen Feuerbällen beladen wären. Die Einsammlung geschieht gewöhnlich im Sommer (Januar).

Die Eingebornen rösten das Gummi am Feuer und essen es mit vielem Appetit.

Das Holz der Gummibäume ist sehr hart und so schwer, dass es im Wasser wie Blei untersinkt. Es dient meist zu Bauholz, Wagnerholz, Zäunen, Dachschindeln etc., und die Fasern werden zu Matten und Seilen verarbeitet. Die Blüthen der Gummibäume sind schön und wohlriechend, und besonders von den Papageien aufgesucht.

Ausser den Gummibäumen gibt es auch viele

Acazien, die guten Schatten geben und ebenfalls Gummi ausschwitzen, und im Herbste mit einer Fülle von Blüthen bedeckt sind, die wie Mandeln riechen. Die Rinde derselben wird zum Gerben benutzt. Im Walde von Bathurst fand Gerstäcker die gelbe und wohlriechende Wattel, eine Acazienart, die manchen Stellen viel Gartenähnliches verlieh.

Unter dem Nadelholz trifft man neben vielen Fichten besonders schöne Cedern, deren dunkles Holz zum Bauen von Häusern (als Fachwerk und Tafelwerk) häufig benutzt wird.

Die Ericaarten und Farrnkräuter sind zahlreich. In den wellenförmigen Sandwüsten von Süd- und Westaustralien kommt auch das sogenannte Malli-Strauchwerk (Malley scrub oder Malleybush) sehr häufig vor. Dasselbe besteht aus dichten Massen von Zwerg-Gummibäumen, 6 bis 12 Fuss hoch, mit dichter Laubkrone und langen lanzettförmigen und einer Art terpentingesättigten Gummiblättern von lebhaftem Grün, untermischt mit der Sandarakfichte (einer Art Calliptis).

Die Malleyhügel liegen (nach Gerstäcker) an beiden Ufern des Murray starr und entsetzlich da; sie ziehen sich weit in das Land hinein und der verirrte Wanderer ist hier wie verloren.

In den Malleybushes lässt man oft kleine Heerden halbwilder Rinder jahrelang herumlaufen, bis man sie einfängt.

Eine andere vielfach verbreitete Pflanze ist die Salzpflanze oder der Salzbusch, der 2 bis 5 Fuss

hoch wächst und für den Schafzüchter von Wichtigkeit ist.

Dieser Strauch hat mattbraune Stengel und ein
sehr grosses herzförmiges, hellgrünes und wie mit
Mehl bestreutes, ziemlich saftiges (fleischiges) Blatt,
mit einem bald mehr bald weniger salzigen Geschmack,
das die Schafe gerne fressen, und das zugleich die
gute Eigenschaft haben soll, diese Thiere vor Krankheit zu bewahren.

(Die Gummiblätter werden, wegen ihres starken
cajaputöligen Geschmacks, von dem Vieh nicht ge-
fressen).

Das Hauptnahrungsmittel der Schafe ist aber eine
Cactusart, von den Engländern pigs face (Schweins-
gesicht) genannt, mit rother Blüthe, kleinen rothen
Beeren und dreieckigen, dicken, fleischigen Blättern
oder Stangen, die auch von den Eingebornen und
im Nothfall selbst von den Colonisten gegessen werden. (Gerstäcker hat mehreremals bedeutende Mahl-
zeiten davon gehalten).

Alle deutschen und südeuropäischen Obst- und
Früchtesorten kommen in Ost- und Südaustralien fort:
Pfirsiche, Aprikosen, Feigen, Mandeln, Orangen,
Melonen, Trauben, Erd-, Stachel- und Himbeeren,
Pflaumen etc. Aepfel und Birnen gedeihen besser
in Tasmanien und Neu-Seeland. Auch viele deutsche
Küchengewächse (Kohl, Salat etc.) findet man in
Victoria und Südaustralien.

Das Getreide (Weizen, Roggen, Wälschkorn etc.)
übertrifft im Süden alle Erwartungen.

Der Weinbau wird am Hunter und in der Gegend von Adelaide mit Erfolg betrieben, auch moussirender Wein daselbst bereitet.

Mit Tabak, Baumwolle *) und Zucker sind an der Moreton-Bay und anderwärts Versuche gemacht worden; doch fehlen, wie es scheint, dazu (den Tabak ausgenommen) die nöthigen und billigen Arbeitskräfte. Auffallend ist es, dass man in den tropischen Gegenden Australiens die Hauptgewächse Ostindiens nicht findet, (ausser der Sagopalme, Kohlpalme, wilden Pisang etc.)

Dr. Ferd. Müller in Melbourne weisst besonders auf den praktischen Nutzen hin, den die Pflanzenschöpfung von Victoria, sowohl für Medizin als für Industrie und häusliche Zwecke hat.

Thiere.

Carl Ritter sagt über die Thierwelt Australiens: Neuholland ist das Land des Widerspruchs, ja die Natur scheint es sich ordentlich Spass gemacht zu haben, Alles anders zu gestalten, als in der alten Welt. Es gibt dort Vögel ohne Flügel, mit Haaren statt der Federn, vierfüssige Thiere mit Entenschnäbeln (Ornitorynchus paradoxus, das einem grossen Maulwurf mit einem Entenschnabel gleicht), schwarze

---

*) Schon vor mehreren Jahren wurden Proben von Baumwolle, die an den Ufern des Brisbane, Clarence und Hunter gewonnen wurde, nach Manchester geschickt und für gut befunden.

Schwäne, weisse Adler; die Bienen sind ohne Stachel, die Vögel singen nicht, die Blumen riechen nicht,*) die Bäume geben keinen Schatten, das Holz sinkt im Wasser unter, der Kukuk schreit bei Nacht, die Eule am Tage. Einer von den Vögeln hat, statt der Zunge, einen Pinsel im Schnabel etc.

Unter den Vögeln zeichnen sich durch ihre Farbenpracht aus: die Papageien, Paradiesvögel, Pfau-Fasanen (darunter das prachtvolle Mänura, mit Leyerschwanz), Tauben mit schönen Federbüschen etc. Besonders gibt es viele Wasser- und Sumpfvögel: Reiher, Störche, stahlgraue Kraniche von der Grösse des Storchs (native companions), Pelikane, schwarze Schwäne, Gänse, Enten und eine Menge sehr schöner und grosser Raubvögel: Adler, Falken, Eulen. Auch zahlreiche Fledermäuse, Heuschrecken, Ameisen,**) Käfer, Fliegen, Frösche, Schlangen, Eidechsen, Krokodile, Schildkröten, Muscheln, Seeschnecken und Fische.

Der grösste Vogel ist der australische Strauss

---

*) Es gibt allerdings wohlriechende Blumen und Blüthen in Australien. (S. vorher S. 71.) Auch Singvögel existiren in grosser Menge, aber nur der Colonist in den Waldungen, der täglich die Sonne aufgehen sieht, hört sie singen. Dieser Umstand hat zu dem Glauben Veranlassung gegeben, dass Victoria keine Singvögel habe. (Dr. Ferd. Müller in Petermann's geographischen Mittheilungen 1855. S. 345.)

**) Die Indianer essen zuweilen die Ameisen. Man trifft Ameisenhaufen oder Kegel (mit Zellen) 4 bis 5 Fuss hoch.

oder Casuar (Emu), der über 7 Fuss hoch wird, und dessen Fleisch von den Schwarzen gegessen wird.

Auch das Fleisch der Kakadu wird zuweilen gegessen, doch nur im Nothfalle. Gerstäcker versuchte es, fand es aber von widrigem Geruch. Schwarze Kakadu sind seltener, als die weissen, die in ungeheuren Schwärmen erscheinen und mit ihrem Geschrei die Luft erfüllen: sie machen manchmal solchen Lärm, dass der Reisende sein eigenes Wort nicht hören kann (Dr. Ferd. Müller.) Der schwarze Schwan mit rothem Schnabel, hat einen ziemlich schwarzen Rücken und den Bauch mehr in ein dunkles Silbergrau über-spielend. Das Werthvolle an ihm ist der schneeweise fast $1\frac{1}{2}$ Zoll starke Daun, der zum Vorschein kommt, wenn die schwarzen Federn ausgezogen werden, und der das zarteste, wunderschönste Pelzwerk für Damen liefert. Die Eier der Schwäne werden in grosser Menge zum Küchengebrauch gesammelt.

Zu den merkwürdigen Säugethieren*) Australiens gehört vor allem das Känguruh, (von der Familie der Springschwänzler, Ordnung der Beutelthiere), das meist in Heerden lebt, zuweilen mehr als 100 Stück. Es ist ein sanftes, Gras, Kräuter und Blätter fressendes Thier, das sehr scheu, aber bei dem Angriffe sich heftig zur Wehre setzt und wild um sich beisst und schlägt, besonders die Alten. Es macht 10 bis 12 Fuss weite Sprünge und wiegt oft über 200 Pfund.

---

*) Grosse Vierfüssler und eigentliche Raubthiere gibt es in Australien nicht.

Sein Fleisch wird gegessen, ist ohne Fett und schmeckt wie Rindfleisch. Der Schwanz soll besonders gute Suppen geben. Die Felle gebrauchen die Wilden zu Decken. Die Jungen führt das Weibchen in der ersten Zeit in einem an ihrem Bauche befindlichen Beutel mit sich.

Es gibt auch eine kleine, weit verbreitete Art Känguruh's oder Springhasen, unter dem Namen Walloby, und Känguruhratzen, und fliegende Beutelthiere. Ein anderes kleines Beutelthier ist das Oppossum, von der Grösse eines Kaninchens bis zu der eines Fuchses, dessen Fell die Wilden ebenfalls zu Kleidungsstücken (Decken) aneinandergereiht gebrauchen. Es unterscheidet sich wesentlich von dem amerikanischen Oppossum dadurch, dass es nicht das fatale Rattenäussere und den kahlen Schwanz hat, sondern mehr einem fetten Eichhörnchen gleicht. Nach Dr. Ferd. Müller gibt es in Victoria 3 verschiedene Arten der Oppossums (und 4 Arten von fliegenden Eichhörnchen). Es kommt sehr häufig vor, namentlich in hohlen Bäumen, geht aber nur bei Nacht aus, und lebt von Gräsern, wie das Känguruh.

Der wilde australische Hund (Dingo), eine Schakalart, zwischen Wolf, Fuchs und Hund, hat einen ordentlichen Schäferhundskopf und Fuchsschwanz, ist gewöhnlich von gelbrother Farbe und wird, wie der Fuchs in England, gejagt und die Ruthe als Siegeszeichen mit nach Hause gebracht. Er erscheint gewöhnlich in Rudeln von 6 bis 8 Stück, läuft schnell und lässt, wie der Fuchs, einen starken Geruch nach sich. Den Schafen ist er sehr gefährlich, daher die Schäfer Alles aufbieten, ihn von ihren Heerden abzuhalten.

Nächst diesem Hund sind die grösste Plage des Colonisten die Heuschrecken, die in kurzer Zeit ganze Gärten und Felder abfressen. Starker Wind vertreibt sie in das Meer oder in die Wüste des Innern. Eine andere Landplage sind die vielen Stechfliegen (Moskitos).

Die Eingeborenen des Festlandes von Australien.

Die Engländer nennen die Eingeborenen black fellows oder gewöhnlich nur blacks (Schwarze). Die gegenwärtige Gesammtzahl derselben schätzt man (so weit man sie bis jetzt kennen lernte) auf ungefähr 100,000. Mit den Eingeborenen in Neuseeland haben sie keinerlei Verwandtschaft, einige Stämme der Nordküste etwa ausgenommen.

Nach Gerstäcker hat der australische Schwarze allerdings die Haut des Negers, aber dabei nicht wolliges, sondern bald krauses, bald glattes, langes, pechschwarzes Haar. Bei den älteren Männern trifft man häufig schöne, krause, volle Bärte, die dem schwarzen Gesichte und lebendigen Augen gar nicht übel stehen. Eine photographische Abbildung von einem Manne und zwei Frauen, liefert Petermann in seinen geographischen Mittheilungen 4. Heft 1859. Bart und Haar lassen sie wild wachsen. Auch die Schultern sind oft dicht behaart, wie mit Pelzwerk.

Dem äusseren Ansehen nach stammt der Australier aus einer Vermischung der malayischen mit der äthiopischen Race. In seinem Urzustande (sagt Gerstäcker S. 281) ist er das wildeste, schmutzigste und falscheste (schleichendste) Wesen, das ich wenigstens unter Indianerstämmen noch gefunden habe. Ihr heimtückischer, boshafter Charakter geht aus allem hervor. Mord und Verrath sind meistens der Inhalt ihrer Sagen. Ihre Waffen bestehen aus langen und kurzen Speeren, aus einem Beil (Tomahawk) und einem krummen Wurfholz (Bumerang), das in Absätzen auf das Ziel schwirrt und dann pfeifend in einem kleinen Bogen zurückspringt.

An Gestalt sind die Australier von mittlerer Grösse, im Allgemeinen abschreckend hässlich, mit breitem Kopfe, grossem hervorstehendem Munde, dicken Lippen und abscheulich platter Nase mit weiten Nasenlöchern. Die Augen sind noch das Schönste an diesen Menschen, sitzen aber zu dicht an der hässlichen Nase. Ihre Beine sind in der Regel mager, ja zuweilen spindeldürr. Sie gehen völlig nackt und nur in der nassen Jahreszeit bedecken sie sich in dem kältesten Theil der Nacht mit Känguruh- oder Oppossum-Fellen. Den Körper tätowiren und bemalen sie mit rothem und weissem Thon. (Weiss ist ihre Trauerfarbe.) Auch lieben sie, sich den Körper mit Fett einzureiben (da die Luft die Haut sehr austrocknet), und von ihren erschlagenen Feinden nehmen sie das Nierenfett heraus und bestreichen ihren Körper damit, wodurch sie, nach ihrer Meinung, an Kraft und Stärke gewinnen. Im Klettern, Schwimmen und Speerwerfen sind sie sehr gewandt. Sie wollen keine festen Wohnhäuser, selbst wenn sie ihnen gebaut werden, und ziehen vor, lieber im Freien zu schlafen, ehe sie unter Dach und Fach gehen. Bei kaltem Wetter liegen sie oft zitternd vor Frost um ihr Feuer.

Auch wissen sie sich nicht vor Krankheiten zu schützen, daher ihre Zahl jedes Jahr rasch abnimmt.

Merkwürdig sind unter ihnen die vielen Blinden, und eine Entmagerung einzelner Glieder (Arme und Beine).

Die Befriedigung des Hungers ist ihr einziges Lebensziel: sie essen Känguruhe, Fische, Vögel, Wurzeln, Frösche und Käfer. Eigentliche Menschenfresser gibt es unter ihnen nur wenige.

In den Städten Sydney und Melbourne sind sie selten noch zu treffen; in Tasmania gar nicht mehr. Am häufigsten sind sie noch in Süd- und West-Australien, namentlich in Südaustralien in der Nähe der Städte und Dörfer, wo sie im Winter betteln. An manchen Orten werden sie zu Boten, zum Holztragen, und als Gehülfen der Schäfer benutzt, wobei sie sich als gute und sorgsame Wächter zeigen, und, statt wie früher, blos Kleidung und Nahrung, jetzt guten Lohn erhalten. In Victoria haben sie sich auch schon als berittene schwarze Polizei häufig als sehr brauchbar bewiesen, wenn es darauf ankam, Uebelthäter im Busche zu verfolgen.*) Im Ganzen sind sie keines-

---

*) Im südlichen Australien sind für die Sicherheit der Ansiedler, zwischen Albury und Melbourne, von Strecke zu Strecke

wegs der Cultur so verschlossen, als man, dem ersten
Ansehen nach, glauben sollte: sie fassen fast durch-
gängig die englische Sprache mit Leichtigkeit auf.
Die Schulkinder der Schwarzen in Adelaide lasen, in
Gerstäcker's Beisein, das neue Testament (in englischer Sprache) mit weit mehr Ausdruck, als wir
es in unsern Dorfschulen finden, und beim Schreiben
zeigten sie ein besonderes Nachahmungstalent. Sowie aber diese Kinder heranwachsen, sehnen sie sich
nach ihrem freien Leben zurück, werfen mit einmal
die europäischen Begriffe wie Kleider von sich und
entlaufen in ihre alte Wildniss, daher auch das Re-
sultat aller Versuche, die Schwarzen zu civilisiren,
bisher nur ein sehr geringes war, und bei Erwachse-
nen fielen die Versuche nun gar ganz trostlos aus.
Die Missionäre verliessen in Verzweiflung ihre Stationen, da sie einsahen, dass diese Eingebornen, bei
ihrer grossen Vorliebe zum freien Herumstreifen, zu

Polizeistationen errichtet, bestehend aus einigen Gebäuden,
die theils zu Wohnungen, theils zu Gefängnissen dienen. Man
hat sogar unter diese Polizeimannschaft auch Schwarze aufgenommen, die mit allen Schlichen und Schlupfwinkeln der
Nachbarschaft bekannt sind. Die hiesigen Ansiedler und Schäfer bestehen fast zu $3/4$ aus früheren Deportirten, die zwar
in der Regel roh, aber gegen jeden Fremden viele Gastfreund-
schaft üben, und ihm sogleich einen Damper vorsetzen. Der
Damper ist ein einfach mit Wasser (ohne Hefen) angerührter
Weizenteig, der nur flach gedrückt und in der Asche gebacken wird, und den Buschmägen vollkommen zusagt. Man
findet den Damper fast überall unter den Ansiedlern verbreitet.

einer sesshaften fleissigen Lebensart durchaus nicht
zu bringen sind.

An der N o r d k ü s t e fand Leichhardt die Schwarzen von einem milden angenehmen Gesichtsausdruck
und einer wohlklingenden Sprache, auch im Ganzen
von friedlichen Gesinnungen beseelt. Später traf er
auch schöne, starke, wohlgebaute Männer unter ihnen,
mit intelligenten Zügen (S. 405).

In ihrer Sprache herrscht unter den verschiedenen Stämmen eine grosse Verschiedenheit. Manche
dieser Stämme im südlichen Australien haben hierin
kaum eine Aehnlichkeit miteinander, obgleich dicht
aneinander grenzend. (Gerstäcker S. 346.)

Flüsse.

Kein Theil der Erde ist ärmer an fliessenden
Quellen als Australien. Die Ursache ist die grosse
Trockenheit des Climas, die sich besonders in der
Unregelmässigkeit der atmosphärischen Niederschläge
zeigt. Jede Dürre hemmt oder zerstört die Flüsse
(bis auf die tieferen Teiche); sie bewegen sich immer
in äussersten Extremen: Seichtheit oder Ueberschwem-
mung. In der Ebene fliessen sie meist träge und
langsam mit schlammigem Wasser und seeähnlichen
Erweiterungen.

Die Quellen derselben sind fast durchgehends
Sümpfe und Ketten von Teichen (Lachen, in Au-
stralien Billibongs genannt), seltener (wie in Victoria)
Berge, oder (wie in Tasmania) grössere Seen.

6

Die Mündungen sind grossentheils wahre Meeres-
arme (mit Ebbe und Fluth), die oft gute Häfen
bilden.

Ost- und Südküste.

Hier bildet der Murray den grössten Strom
Australiens, der von Osten nach Westen fliesst, und
sich dann in einer nordwestlichen Biegung (North-
West-Bend) durch weites Sumpfland nach Süden
hinunter dreht. Einige der stärksten Quellen des
Murray entspringen auf dem östlichen Bogonggebirge
in Victoria, die Hauptquelle auf dem Kosciuskoberg,
dem höchsten Punkte der australischen Alpen unter
148° östlicher Länge und 36½ südlicher Breite (S.
Bergland.) Von North-West-Bend aus strömt der
Murray in einem weiten Bogen majestätisch und nicht
mehr in so entsetzlichen Krümmungen wie in seinem
oberen Theile, Südaustralien durchschneidend, durch
eine grosse Lagune, (Alexandrina oder auch Victoria-
see genannt) in das Südmeer (Encounter-Bay) zu
Port-Elliot, wo aber eine so gewaltige Brandung ist,
dass die Ein- und Ausfahrt jedem Schiffe, wo nicht
ganz unmöglich gemacht, doch sehr gefährdet wird;
daher die Waaren meist zu Goolwa (einem kleinen
Hafenorte, da, wo sich der Murray in den See ergiesst), vermittelst einer 7 Meilen langen Eisenbahn
(Tram road) aus den Flussfahrzeugen, und stromaufwärts in dieselben, gebracht werden. Ein Dampfboot
fährt wöchentlich zwischen Adelaide und Goolwa. An
der Mündung des Murray soll auch jetzt ein schiffbarer

Canal gegraben werden, der bereits Anfangs 1857 durch Capitain Douglas abgesteckt wurde.

Der Murray ist der einzige Fluss, der in der trockenen Zeit noch sein fliessendes Wasser behält, obgleich auch stellenweise seicht, während andere Stellen wieder sehr tief sind. Im Sommer ist er dagegen, in Folge des schmelzenden Schnees in den Alpen, sehr wasserreich.

Der obere Theil des Murray wird Hume genannt. An diesem liegt das wachsende Städtchen Albury, mit Dampfmühle etc. (400 englische Meilen von Sydney und 230 Meilen von Melbourne). Mit diesen beiden Städten steht Albury durch Personenpost und Güterkarren in Verbindung. Auch der elektrische Telegraph von Adelaide und Melbourne nach Sydney geht über hier. Die Breite des Hume beträgt bei Albury 60 bis 100 Schritte. Gerstäcker schiffte sich auf einem von ihm selbst verfertigten Canoe hier ein, konnte aber, der vielen versunkenen Baumstämme wegen, nur eine kurze Strecke seine Fahrt fortsetzen, und musste den übrigen Theil seiner Reise nach Adelaide zu Fuss zurücklegen. (S. Entdeckungen.)

Erst da, wo der Darling in den Murray fällt, verlieren sich die Baumstämme im Flusse. Jetzt ist nicht allein der Murray, sondern auch seine grösseren Nebenflüsse sind der Dampfschifffahrt geöffnet und dem Verkehr und Handel mit dem Innern und der Südküste dadurch eine neue Richtung gegeben. Mitte 1857 waren auf dem Murray 10 Dampfboote von 400 Pferdekraft, und 10 Barken, zusam-

6*

men von 15,000 Tonnen oder 30,000 Centner, in Betrieb.

Schon im Jahre 1853 befuhr Capitain Cadell in einem Dampfboot den Murray von seiner Mündung bis nach Albury, in einer Ausdehnung von 1900 englischen Meilen. Ebenso ist auch der Murumbidgee (spr. bidschi) von seinem Einfluss in den Murray bis Gundaga (700 englische Meilen) von Cadell schiffbar befunden worden, (ebenfalls bei Hochwasser und durch theilweise Wegräumung der versunkenen Baumstämme). Eine neue Expedition unternahm Capitain Cadell im Jahre 1858. Am 14. September 1858 schrieb derselbe, dass es ihm gelungen, den Murumbidgee bis etwa 20 englische Meilen von Wagga-Wagga zu beschiffen, und dass er hoffte, auch noch letzteren Ort zu erreichen. (S. Mittheilung von Lud. Becker in Melbourne, Freund von Cadell, im Notizblatte des Vereins für Erdkunde in Darmstadt. März 1859.)

Der Murray enthält viele Fische, namentlich in seinem untern Laufe eine in Adelaide sehr beliebte Kabliauart. Das Wasser des Murray ist, nach Gerstäcker, von reinem, schönem Geschmacke und soll auch sehr gesund sein.

Die bedeutendsten Nebenflüsse des Murray sind:

Der Darling. Dies ist der längste, weit in's Innere reichende Nebenfluss des Murray, der in Zukunft noch von Wichtigkeit werden wird, da sich an seinen Ufern zahlreiche Heerdenbesitzer niedergelassen haben. In Begleitung des Gouverneurs von

Südaustralien hat Capitain Cadell auf dem Dampfer Albury den Darling bis jenseits Mt. Murchison, (über 600 Meilen von seiner Einmündung in den Murray), ohne bedeutende Hindernisse glücklich befahren. Aber auch hier war dem Capitain Cadell bereits ein kühner Pionier zuvorgekommen, denn wie der Gouverneur in einer Rede vor der Ackerbaugesellschaft zu Mintaro mittheilte, fand man auf dem Darling bereits ein Dampfschiff im Gange, die „Gemini", einem R. Randall gehörig, demselben Manne, der auch den Murray zuerst mit einem Dampfschiffe befahren hat. (S. Zeitschrift für allgemeine Erdkunde. Berlin. Juni 1859. S. 487).

Der Murumbidgee, der zwar in der trockenen Jahreszeit hin und wieder sehr seicht ist, doch nie so ganz sein Bett verliert, wie der Macquarie (Nebenfluss des Darling) und der Lachlan.

Der Lachlan, Nebenfluss des Murumbidgee, (im Jahre 1816 von Evans entdeckt). Der grosse Schafdistrikt von Bathurst (New-South-Wales) liegt nicht fern davon. Im Frühjahre 1859 wurde zum erstenmale auf diesem Flusse Wolle in den Murray und von da in das Meer verschifft. Als Rückfracht wollte man Mehl und andere Bedürfnisse für die Schäfereien einnehmen. Im Jahre 1853 kamen bereits den Murray herab 1362 Ballen Wolle und im Jahre 1856 2370 Ballen Wolle. Stromaufwärts gingen im Jahre 1853 5520 Ctr. und im Jahre 1856 72,580 Ctr. Güter.

Der Goulbourn, am linken Ufer des oberen

Murray, nach Melbourne zu, ist mehrere Monate hindurch, wenigstens 300 englische Meilen weit schiffbar. (Dr. Ferd. Müller in Petermann's geographischen
Mittheilungen 1855. S. 345.)

Der Logan wird durch den Edward river und
den Wakool (beides Ueberschwemmungsarme des Murray) gebildet. Der Edward river ist eine Art
Nothcanal, den sich der grössere Strom des Murray,
der weiten Biegung wegen, bei hohem Wasser ge-
brochen, und der nicht weit von der Mündung des
Murumbidgee in den Murray wieder mit diesem zu-
sammenfällt. Er ist nur fliessend bei hohem Wasserstande. Im Sommer bildet er eine Reihe von
Lachen (Gerstäcker).

Der Landesvermesser Major Mitchell befuhr
schon im Jahre 1836 den Darling und den Lach-
lan, und Oberst Sturt (nachdem derselbe in den
Jahren 1828/31 den Murray untersucht hatte) im
Jahre 1845 den Murumbidgee und den Murray.
Beide Unternehmungen geschahen auf Kosten der
Regierung von New-South-Wales. ¡Den Darling fand
Mitchell an mehreren Stellen sehr tief, mit salzigem
untrinkbarem Wasser, (S. dagegen Gerstäcker über
das Wasser des Murray) aber sehr fischreich und
von Schwärmen von Wasservögeln bedeckt. Andere
Stellen waren sehr seicht und durchwatbar.

Das Flussgebiet des Murray gehört zu den be-
deutendsten der Erde. Die Stromentwickelung seines
Hauptflusses (Murray) beträgt an 1900 englische
Meilen, die des Murumbidgee (von Howe an) 700

englische Meilen; des Darling (von der Quelle des Peel an) 1300 (?) englische Meilen und des Lachlan 500 englische Meilen. Sonach kann dieses Fluss-system dem des Euphrat und Ganges an die Seite gesetzt werden.

(Die Donau ist nur 1600 englische Meilen (339 deutsche) weit schiffbar, aber das ganze Jahr hindurch. (S. meine „deutschen Ströme" I. Band. Donau. Leipzig 1853.)

Längs dem Murray und seinen grossen Neben-flüssen gibt es Massen von kleinen Salzseen, auch viele mit Gummibäumen bewachsene Flats (in Amerika Bottoms genannt) die zu Weideplätzen dienen.

Durch das allherbstliche Austreten der australischen Flüsse wird das Land weit unter Wasser gesetzt, ohne dass jedoch die Niederungen dadurch viel gewinnen. Bei grosser Dürre hören (wie oben bemerkt) die meisten Flüsse ganz auf zu strömen und bilden dann blos noch hie und da Lachen. Aus dieser Ursache wird das Flachland Australiens auch wohl nie bedeutende Ansiedelungen erhalten oder der Sitz eigener Staaten werden, wie es in Europas Flachländern der Fall ist.

Zu den weiteren (vom Murray unabhängigen) Flüssen der Ostküste gehören:

1) Der Hawkesbury, etwas nördlich von Sydney. Die Stromentwickelung desselben beträgt ungefähr 200 englische Meilen, wodurch er der deutschen Ems gleich kommt. Sein Quellengebiet umfasst nicht nur die blauen Berge, sondern auch das Plateau von

Argyle und den Abfall von Camden, sowie die nächsten Theile der Hochebene von Bathurst. Der obere Theil des Hawkesbury heisst Nepean, der die beiden Distrikte Richmond und Windsor bewässert. Die Meeresfluth steigt bis Windsor (6000 Einwohner) 110 englische M. von seiner Mündung hinauf, (unfern der Vereinigung des Grose mit dem Hawkesbury; bis dahin fahren auch Dampfschiffe). Viel Schafwolle kommt den Hawkesbury herab aus der Liverpooler Ebene.

2) Der Hunter wird ebenfalls mit Dampfschiffen, so weit die Fluth reicht, befahren. (S. vorher Queen's land S. 24.)

3) Der Hastings, ein schöner breiter Strom, zwischen Sydney und Moretonbay, der den Wilson aufnimmt. An seiner Mündung liegt Port-Macquari'e.

4) Der Clarence river (Shoal-Bay) ist 50 Meilen weit schiffbar.

5) Der Fitzroy river. (S. S. 25.)

An der Nordostküste gibt es noch andere Flüsse, und am Carpentaria-Golf ist der Albertfluss am bedeutendsten.

Auf der Insel Tasmania sind die Hauptflüsse folgende: der Derwent (120 Meilen bis Hobarttown), der South-Esk (110 Meilen bis Launceston), der North-Esk (60 Meilen bis Launceston). Die beiden letzteren fliessen in den Tamar bei Launceston. (S. S. 56.) Zu den im Sommer trocken liegenden Flüssen gehören: der Dee (30 Meilen bis zum Derwent), der Gordon (90 Meilen bis Port Macquarie, nicht mit obigem zu verwechseln), der Huon (90 Meilen bis zum Dentrecasteauxcanal.) Die meisten Flüsse Tasmaniens entspringen in hochgelegenen Seen, darunter the Great Lake (50,000 Acres) und der Lake Sorell von 20,000 Acres.

Westküste.

Hier ist der Schwanenfluss (Swan river) der bekannteste, der seinen Namen von den vielen schwarzen Schwänen erhielt, die der Holländer Vlaming im Jahre 1696 an seinen Ufern vorfand.

Unfern seiner Mündung, (11 Meilen) wurde im Jahre 1827 die erste britische Niederlassung an der Westküste von Australien gegründet, (Perth). Zwischen Perth und den 50 Meilen entfernten Bergen (Darling hills) breitet sich eine weite Sandebene aus, die für den Anbau wenig geeignet ist. Erst jenseits der Berge (zu York) ist besseres Land, und in nördlicher Richtung, bei Champion-Bay, findet man schönes Weideland mit zunehmender Viehzucht. Von dort erhält Perth seinen meisten Fleischbedarf.

Höher nach Norden, in Van Diemen's-Land, ergiesst sich der Victoriafluss in den Cambridgegolf (unter dem 15. Breitegrade).

An diesem Flusse, den Gregory im Jahre 1855 untersuchte (S. Entdeckungsreisen), ist noch keine britische Niederlassung.

Dieser Victoriafluss im Norden ist nicht mit einem anderen Victoriafluss in Südosten, der in verschiedener Richtung fliesst, zu verwechseln. Die Engländer legen gar zu gern und zu oft den Namen ihrer Königin Victoria, Flüssen, Bergen, Seen, Städten und Ländern bei, was nicht nur zu Wiederholungen, sondern auch häufig zu Irrthümern Veranlassung gibt.

Berge.

Die höchsten bis jetzt bekannten Berge Australiens liegen im Südosten, in der jetzigen Provinz Victoria (früher zu Neu-Süd-Wallis gehörig).

Darunter sind mehrere Berge, die sich zu der Höhe des ewigen Schnees erheben, also einen Alpencharakter tragen.

Die Schneelinie oder die Höhe, auf welcher Gletscher nie oder doch nur sehr selten von der Sonnenhitze aufgethaut werden, beginnt mit 6000 Fuss. Der höchste Punkt des Bogonggebirgs erreicht eine Höhe von 7500 Fuss (nach dem deutschen Botaniker Dr. Ferd. Müller, der von Melbourne aus diese Berggegend im November und December 1854 besuchte.)

Während der Regenzeit sind alle die zahlreichen Berge der grossen Kette, welche Victoria von New-South-Wales trennt, mit Schnee bedeckt, und mögen als Subalpine-Berge anzusehen sein.

Im Buffalogebirg hat der Aberdeen-Berg eine reiche, fast tropische Vegetation.

Der Buller-Berg ist mehr als 5000 Fuss hoch.

Beide Berge waren bis dahin noch niemals wissenschaftlich erforscht und der Aberdeenberg noch nicht einmal bestiegen worden. Zwischen dem Aberdeenberg, Bullerberg und dem Omeosee bestieg Dr. Müller zwei, von ihm Mount Hotham (7500 Fuss) und Mount Latrobe (7300 Fuss) getaufte Kuppen, die er für die höchsten des ganzen Gebirgssystems hält. Auf beiden Gipfeln wurden grosse Schneemassen getroffen, die nie ganz verschwinden. Die vorherrschende Formation ist Sandstein, oft begleitet von Schiefer und Quarz. Granit ist verhältnissmässig selten. Dieses Hochland enthält an vielen Stellen gute Viehtriften. Im Jahre 1852 wurden von einem Herrn Clark folgende Messungen ausgeführt: Mount Kosciusko 7308 Fuss (Quellgebiet des Murray), Munyangberg (zweithöchster Gipfel) 7064 Fuss, Tollula (Quellgebiet des Murumbidgee) 6934 Fuss.

Ausser Dr. Ferd. Müller unternahmen einige Jahre darauf (vom Januar bis März 1857) 2 andere deutsche Reisende: Dr. v. Schenk und der Botaniker Wilhelm, eine Reise zu den Bergketten von Victoria in westlicher Richtung. (S. Petermann's geographische Mittheilungen 1857. S. 204.) Die Berge der Victoria range übertreffen fast noch an Schönheit und Reichthum der Pflanzenwelt und üppigem Blumenflor die Grampianberge.

In · den tiefen Schluchten trifft man wuchernde Schlingpflanzen und klare Quellen, von 30 bis 40 Fuss hohen Farrnbäumen umschattet, und belebt von zahlreichen bunten und lärmenden Papageien.

Der höchste Punkt der Grampians ist Mount William (4500 Fuss), der bis zu seinem Gipfel hinauf bewachsen ist, und von dem man eine weite Aussicht auf die umliegenden Höhen (Grampians und Victoria range), auf die in blauer Ferne sich erhebenden Pyrenees (deren höchster Punkt der Coleberg) und auf unabsehbare Haiden, hin und wieder durchschnitten von mächtigen Seen, geniesst. Viele dieser Berge sind deutlich als ursprüngliche Krater zu erkennen. Das hier wachsende Hauptholz gehört zu den Gummibäumen, die weiter hinauf in Buschholz ausarten. Die Berge von Victoria sind reich an Metallen. Von dem Buffallogebirg zogen schon californische Goldgräber nach dem Bogonggebirg hin. Diese Gegend wird ohne Zweifel künftig für die Ansiedelung von Bedeutung werden.

Zu Ballarat, einem Ausläufer des Buninyounggebirgs (40 bis 60 Meilen von Geelong, das sich an die Alpen anschliesst) wurde das erste Gold entdeckt. Jetzt scheinen die Goldgruben: Ovendiggings bei Albury, am obern Murray, mehr in Aufnahme zu kommen. Das Küstenland zwischen dem Alpenland und dem Meere wird Gipp'sland genannt. Es besitzt 2 gute Häfen: Port-Albert und Welsh-Pool.

In der Nähe von Sydney erheben sich, etwa 40 Meilen von Sydney und 5 deutsche Meilen vom Meere entfernt, aus der dürren Ebene die sogenannten blauen Berge (blue hills), welche die östlichen und westlichen Gewässer von einander scheiden. Es ist dies jedoch keine eigentliche Bergkette, sondern mehr ein breites, wildes und einförmiges Gebirgsland aus mehreren hintereinander laufenden, oft unterbrochenen Gebirgszügen bestehend, die als Uebergangspunkt zu betrachten zu den Thälern und Ebenen von Bathurst, wo wellenförmige mit Gras bedeckte Hügel (Downs) treffliches Weideland darbieten und die Schafzucht grossartig betrieben wird. Die ersten Ansiedler in dieser Gegend erhielten von der Regierung 1000 Acres Land zum Geschenk. Die Hirten treiben in der guten Jahreszeit ihre Heerden in die Theile der Flussthäler, welche dem Gebirgslande am- nächsten liegen, jedoch ohne feste Stationen zu gründen. Zu den bedeutenderen dieser blauen Berge gehört Mount Victoria, der schroff und malerisch in einen ihn von 3 Seiten umgebenden Kessel hinabläuft, und ein weites und tiefes, mit Bäumen dicht bewachsenes Thal bildet, aber nichts als die ewigen Gummibäume, was (nach· Gerstäcker) die Landschaft so entsetzlich monoton macht,

Die erste Landstrasse über die blauen Berge wurde im Jahre 1814 von der Regierung in New-South - Wales, durch die Deportirten - Sträflinge, angelegt und im Jahre 1815 vollendet.

Das hohe Bergwirthshaus liegt 2800 Fuss über der Meeresfläche, 40 Meilen von Paramatta und 21 Meilen von Penrith.

Weiter der Küste hinauf (in nordöstlicher Richtung) liegen hinter der Moreton-Bay, die Darling hills oder Darling downs, die Leichhardt auf 1800 bis 2000 Fuss schätzte. Unter dem gleichen Namen (Darling range)

findet man auch am westlichen Schwanenflusse eine Bergkette von 2000 Fuss Höhe.

Mundy spricht auch von hohen bewaldeten Bergen, 150 Meilen von Port Macquarie. „Wir kamen ungefähr 20 Meilen an dem 6000 Fuss (?) hohen Berg „Sea View" vorbei, wo Oxley seinen entmuthigten Begleitern die etwa 60 Meilen entfernte See zeigte und ihren Muth dadurch neu belebte." (S. Wanderungen in Australien von G. C. Mundy. Aus dem Englischen von Friedr. Gerstäcker. Leipzig 1856. S. 151).

In Süd-Australien zieht sich längs der Küste eine Bergkette von 2000 bis 3000 Fuss hoch hin. Hinter Cap Jervis (11 Meilen von der Küste) bildet Mount Loftain (2400 Fuss) das Ende derselben. Die Berge von Adelaide führen den Namen Hindmarshhills mit Mount Barker. Im Norden des Spencer Golfs sind die Flindershills und am westlichen Ufer desselben Golfs die Gawler range.

Ueber die Darling range in West-Australien. S. oben.

Schafzucht.

Die ersten Schafe wurden zu Anfang dieses Jahrhunderts vom Cap der guten Hoffnung von einem Herrn Mac Arthur in Sydney eingeführt. Derselbe Unternehmer liess auch im Jahre 1806 die ersten Merinoschafe aus England kommen.

Jetzt (1859) befinden sich in dem ungeheuern Raume

von New-South-Wales, Victoria und Süd-Australien über 3000 Stationen von Heerdenbesitzern mit mehr als 15 Millionen Schafen, und einschliesslich Tasmania und Neuseeland über 18 Millionen, wovon ein grosser Theil zu Talg eingekocht wird, da man in Australien die Schafzucht meist blos der Wolle wegen treibt und das Fleisch fast ohne Werth ist, (S. vorher S. 35.)

Die Eigenthümer der grossen Schaf- und Rindviehheerden legen in neuerer Zeit immer mehr grosse Schmelzanstalten an, aus denen neben Talg auch Seife, Stearinlichter, Leim, Knochen, Hörner und Häute hervorgehen, bei einigen auch gesalzenes Fleisch (Pöckelfleisch). Von etwa 8 Millionen Schafen in New-South-Wales werden jährlich an 300,000 Stück zu Talg eingesotten. Man rechnet auf ein ausgewachsenes Schaf 25 bis 26 Pfd. Talg und 4 Pfd. Leim, auf einen ausgewachsenen Ochsen 150 bis 170 Pfd. Talg. Auch gehen ganze Heerden Schafe jährlich von New-South-Wales nach Victoria, wo die steigende Bevölkerung einen grossen Fleischbedarf erzeugt.

Unter den meist sehr wohlhabenden Viehzüchtern und Wollproducenten (Sqatters)*) trifft man Leute

---

*) Squatters (von dem englischen to squat, niederhocken) nennt man die Pächter von Regierungsländereien zum Behuf der Schaf- und Rindviehzucht, die oft weit in's Innere mit ihren Heerden dringen. In Nordamerika versteht man darunter blos Landwirthe oder Landbauern.

in New-South-Wales, die bis zu 100,000 Schafe besitzen, welche sie in Heerden von 2 bis 3000 Stücke an einzelne berittene Schafhirten übergeben, wovon jeder seinen eigenen Bezirk angewiesen erhält. Die Eigenthümer wohnen oft in sehr comfortabeln Häusern, von wo aus sie das Ganze leiten. Da wo keine Wirthshäuser sind, nehmen sie die Reisenden ohne Ansehen der Person auf, und geben ihnen gerne Nachtlager und Kost.

Die Hauptschäfereien von New-South-Wales sind bei dem Städtchen Bathurst (6000 Einwohner) und bei Goulbourne jenseits der blauen Berge.

Ein anderer grosser Schafdistrikt ist im Nordosten, landeinwärts von der Moreton-Bay, in den Grafschaften Darling, Clarence, Lachlan und Liverpool, wo unübersehbare Viehweiden sich ausbreiten.

Des Nachts werden die Schafe eingepfercht und von guten Schäferhunden bewacht, weniger gegen Diebe, als gegen die wilden Hunde (Dingos).

Ein Hüttenwärter (hut keeper) übernimmt die Nachtwache und besorgt die Küche und die Wirthschaft der Schäfer.

Nach Schäfern und namentlich nach deutschen Schäfern ist fortwährend Nachfrage. Der Lohn der Schäfer und der hut keepers beträgt zwischen 25 und 40 L. St. des Jahres, mit freier Kost und so viel Hammelfleisch als sie nur essen mögen.

Die Schafschur beginnt gewöhnlich im October und dauert bis zum December.

Durchschnittlich rechnet man 2½ Pfd. Wolle auf

das Vliess. 100 Vliesse geben einen Ballen von 250 bis 300 Pfd. Zahlreiche Ochsengespanne schleppen die mächtigen Wollenballen Hunderte von Meilen weit über Berg und Thal den Küstenstädten zu, wo die Ochsen und Karren ebenfalls gleich verkauft werden, da die leere Rückreise derselben, bei den billigen Viehpreisen, nicht lohnen würde.

Für die Wollwäsche sind in den Schafdistrikten die vielen Bäche und Wasserbuchten (Creeks) von Nutzen, die man zur Regenzeit eindämmt und dadurch gute Teiche in der trocknen Jahreszeit erhält.

Die Schafzucht wirft in Australien einen bedeutenden Gewinn ab, (weit mehr als die Rindviehzucht), obgleich die Schafe mehr Krankheiten unterworfen sind als die Rinder.

Wolle - Ausfuhr.

Im Jahre 1820 betrug die Wolle-Ausfuhr aus Australien kaum 100,000 Pfd. Im Jahre 1835 hatte sie sich schon auf 4,250,000 Pfd., und im Jahre 1857 auf 49,209,655 Pfd. erhoben, und nimmt noch mit jedem Jahre zu. Nach der amtlichen Aufstellung im Economist vom 15. Januar 1859 kamen in den ersten 11 Monaten des Jahres 1858 (von Jan. bis Nov.) 48,825,881 Pfd. australische Wolle nach England, während aus Deutschland, das sonst das Hauptwolleland für England war, im Jahre 1857 nur 6,088,002 Pf. in britischen Häfen eingeführt wurden. (Im Jahre 1840 noch 21,812,664 Pfd.)

Ob auch australische Wolle von Australien aus, nach anderen Ländern geht, ist mir nicht bekannt. Jedenfalls können dergleichen direkte Verschiffungen (wenn sie stattfinden) nicht von Bedeutung sein, da das Mutterland im Ganzen einen guten und raschen Absatz dafür bietet, und von England aus weitere Versendungen nach Frankreich, Deutschland etc. gemacht werden *)

Zusammenstellung der Woll-Ausfuhren Australiens im Jahre 1857:

Aus Neu-Süd-Wallis	19,200,341	Pfd.
„ Victoria	17,176,920	„
„ Südaustralien	8,236,221	„
„ Tasmania	4,095,177	„
„ Westaustralien	500,996	„
„ Neu-Seeland	2,648,718	„
Zusam.	51,858,373	Pfd.

Tasmania und Neu-Seeland werden in ganz Kurzem ihre Wollproduktion ebenfalls bedeutend erhöhen. Von Melbourne aus wurden im Jahre 1856 in Tasmania 81,256 Schafe eingeführt, wodurch die Gesammtzahl der Schafe daselbst auf 1,674,987 stieg.

In Neu-Seeland ist zwar die Einfuhr von Schafen

---

*) Vor einigen Jahren wurde auch aus Peru eine Heerde Alpacas (Lamas) in Australien eingeführt, die jetzt von der Regierung von New-South-Wales angekauft worden sein soll, mit einer jährlichen Bewilligung von 1000 L. St. für deren Pflege. Am besten würden diese Thiere in der Alpengegend von Victoria gedeihen.

weniger stark, (wegen der weiteren Entfernung vom Festlande); die Vermehrung der eigenen Heerden ist aber, bei den dortigen günstigen Verhältnissen, sehr beträchtlich, und im Allgemeinen ist die Wollzucht in Neu-Seeland stark im Aufblühen, und zwar meist von der guten Merino-Zucht.

Wallfischfang.

Die Haupthäfen in Australien für den Wallfisch- und Robbenfang sind Sydney, Hobarttown und Launceston. Schon im Jahre 1834 sandten diese 3 Städte 64 Schiffe auf den Wallfischfang, bis nach Japan hin, ausser 81 Booten, die bei der Insel Tasmania die Thiere, wenn sie in die grossen Buchten der Insel kommen, verfolgen. Sydney allein besass damals an 40 Wallfischfahrer. Jetzt ist die Zahl derselben in Sydney geringer. Dagegen zählte die Insel Tasmania im Jahre 1856 noch 28 Wallfischfahrer, von 5576 Tonnen Gehalt, und 84 Boote mit 630 Mann.

Nach Neu-Seeland kommen die Wallfische Anfangs Mai aus dem Norden in ganzen Schaaren und ziehen im October wieder nordwärts. Ungefähr um dieselbe Zeit zeigen sie sich auch bei den Chatham-Inseln (150 Meilen östlich von Neu-Seeland) und im Norden von Australien, bei der Insel Timor.

Die Wallfischfahrer besuchen besonders gern die Küsten von Neu-Seeland, wegen den dortigen vielen und sichern Häfen und der Menge von billigen

7*

und guten Lebensmitteln. Die Insel Bay (Neu-Scee-
land) war seither ihr Hauptsammelplatz im südlichen
Theile des Oceans, sowie Honolulu (Sandwich-Inseln)
im nördlichen Theile. Auch die Insel Tasmania wird
durchschnittlich noch jährlich von 100 fremden Wallfischfahrern besucht.

In dem ungeheueren Meeresraume zwischen der
Behringsstrasse und dem Eise des Südpolarlandes
kreuzen sie unablässig, besuchen alle Inseln, durch-
spähen alle Buchten und brechen den Kauffahrern
Bahn. Am reichlichsten ist der Fang vom 40° an
nördlich.

Von allen seefahrenden Nationen betreiben die
Nordamerikaner den Wallfischfang am stärksten;
sie unterhalten dafür zwischen 5 und 600 Schiffe
(von 300 bis 500 Tonnen Gehalt), wovon die meisten in die Südsee gehen. Auf diese folgen die Engländer mit etwa 90 bis 100 Schiffen, darunter am
meisten schottische (aus Aberdeen, Dundee, Leith etc.);
dann die Franzosen mit etwa 60 Schiffen, und
hierauf die Bremer und Hamburger. Engländer
und Franzosen sind im Abnehmen.

Nach der amerikanischen „Whalemen's shipping
list for 1853" besassen die Vereinigten Staaten am
1. März 1852 620 Wallfischfahrer, nämlich: 558 Bark-
schiffe, 27 Briggs und 35 Schooner, von zusammen
210,000 Tonnen Gehalt, und von nahe an 18000
Seeleuten bemannt. Fast die Hälfte dieser Wallfischfahrer gehört zu New-Bedford (Staat Massa-
chusets).

Die gewöhnliche Dauer der Reise der Wallfischfahrer in der Südsee und an der Nordostküste von
Amerika wird auf 2 bis 3 Jahre berechnet. Jährlich
kommt etwa der dritte Theil der ausgelaufenen Schiffe
zurück. Manche Schiffe erlegen in einem Winter
20 bis 25 Fische.

Die Amerikaner kochen den Speck des Wallfisches
gleich auf dem Verdeck ihrer Schiffe aus, in grossen
Kesseln.

Ein kleiner Fisch liefert an 60 Fässchen (Barrels
von 30 bis 31 Gallons) Thran, ein grosser Fisch bis
zu 200 Barrels.

Einzelne Schiffe haben bis zu 3000 Barrels Thran
an Bord, ohne die Wallfischbarden (Bones) und ohne
Wallrath.

Durchschnittlich rechnet man die jährliche Einfuhr in Nordamerika auf ungefähr:

240,000 Barrels Wallfischthran (Whale   Doll.
       oil) à 10 Doll. pr. Barr. . . 2,400,000
140,000 Barrels Wallrath (Sperm oil)
       à 27 Doll. pr. Barr. 3,780,000
2,400,000 Pfd. Barden (Bones) à $\frac{1}{3}$ Doll.   800,000

                 zusammen 6,980,000

wovon Vieles wieder nach europäischen Häfen (England, Holland, Deutschland etc.) ausgeführt wird.

Wallrath bildet sonach den Hauptertrag der Wallfischfahrer. Ein Caschelot oder Pottfisch (englisch
Sperm whale) von dem allein der Wallrath kommt,
liefert von 20 bis 80 Barrels pr. Fisch, zuweilen so-

gar bis 150 Barrels von diesem milchweissen Oel, das, wie eine fette Materie, das Gehirn des Caschelot umgibt und mit Salz und Wasser gereinigt, einen halbdurchsichtigen Talg bildet.

Auf den Schiffen, die in Australien für den Wallfischfang ausgerüstet werden, trifft man Matrosen von verschiedenen Völkern der Südsee: Malayen, Otaheiten, Neuseeländer und namentlich auch Chinesen (Coolies).

Australiens Handel
(im Allgemeinen.)

Wenn auch der Handel von Sydney, Melbourne, Auckland etc. zur Zeit noch keine grosse überseeische Ausdehnung erlangt hat, so unterliegt es doch keinem Zweifel, dass namentlich Sydney und Auckland (Neu-Seeland), durch ihre günstige Lage und Weltstellung sehr bald einen Hauptrang unter den handeltreibenden Städten der südlichen Hemisphäre einnehmen werden.

Der stärkste Verkehr Australiens ist zur Zeit noch mit England; sodann mit Ostindien (Calcutta, Madras), mit China (für Thee, Seide etc.), mit Manilla (Philippinen) und der britischen Insel Mauritius(für Zucker), und mit Ceylon und der holländischen Insel Java (für Café etc.)

Einfuhr.

Die Haupteinfuhr besteht in britischen Fabrikaten (Baumwollen-, Wollen- und Leinenzeugen, Metallwaaren, Maschinen und Geräthschaften), in Wein und Colonialwaaren. Wie in allen .englischen Colonien hat man auch in Australien eine besondere Vorliebe für englische Waaren, die sich noch immer durch ihre innere Güte und verhältnissmässige Billigkeit auszeichnen. Doch geniessen englische Waaren und Schiffe keinerlei Vorzug vor den Schiffen und Erzeugnissen anderer Nationen.

Ausfuhr.

Zu den Hauptartikeln der Ausfuhr gehören Gold, Schafwolle (S. vorher Wolle- und Goldausfuhr), Talg, Thran, Häute und Kupfer. Die Talgausfuhr von New-South-Wales betrug im Jahre 1857 77,314 Ctr., von Victoria 84,460 Ctr. Neu-Seeland führt besonders viel Bau- und Nutzholz aus, neben Wolle, Talg, Thran, Flachs etc.

Banken.

Diese werden fast sämmtlich von London aus dirigirt. Die bedeutendsten derselben sind:

Bank of Australia,
Union Bank of Australia,
Bank of New-South-Wales (gegründet im Jahre 1817, incorporated 1850),
London Charterd Bank of Australia (Bank of Victoria),
South Australian Banking Company (incorporated 1847),
English, Scottish and Australian Charterd Bank.

Die Union Bank of Australia hat Zweigbanken
in Neu-Seeland, zu Auckland, Wellington, Ahariri,
Nelson und Canterbury.

Die Zahlungen geschehen in Australien gewöhnlich in baarem Gelde und Banknoten. Die englische
Münze ist die allein gangbare (Sovereigns, Shillings
und Pence).

Verbindung zwischen England und Australien.

Australien gehört zu Englands entferntesten
Colonien (13,000 bis 14,500 engl. Meilen), Canada
zu den nächsten. *) Den Weg von England nach
Melbourne und Sydney legen die Segelschiffe in
3 bis 4 Monaten zurück, die Dampfschiffe in 59 bis 64
Tagen.

Die schnellste Fahrt machte das (Segel) Klipper-
schiff the Heathbell in 80 Tagen; ein anderes: the
Shooting Star in 84 Tagen. Der preussische Consul Kirchner in Sydney (aus Frankfurt a. M. gebürtig), der mehrmals die Reise machte, gibt die durchschnittliche Zeit von England nach Sydney zu 107
Tagen oder 3½ Monate an.

Schiffe von Europa nach Australien sind nur in
der Nähe der europäischen Küsten und am Cap der
guten Hoffnung Stürmen ausgesetzt; sonst ist die
Fahrt im Ganzen sicher und angenehm, und man be-

---

*) Von Liverpool nach Quebec (2570 englische Meilen)
fahren die Dampfschiffe in 10 bis 12 Tagen. (S. mein „Canada's rasches Aufblühen. Frankfurt a. M. 1858.)

gegnet keinen gefährlichen Eisbergen unterwegs, wie auf der Fahrt von England nach Nordamerika.

Nach Kirchner ging in den 9 Jahren von 1839 bis 1848 nur ein einziges Schiff auf der Fahrt von England nach Sydney, in der Nähe von Portugal, unter.

Rechnet man nun, dass während dieser Zeit monatlich mindestens 5 Schiffe von England nach Sydney abgingen, so wäre diess durchschnittlich kaum 1 auf 500 Verlust.

Wie bedeutend gegenwärtig Englands Verkehr mit seinen australischen Colonien ist, geht aus folgender Uebersicht der im November und December 1858 aus britischen Häfen abgegangenen Schiffe (für Güter und Auswanderer) hervor.

Nach dem „Emigration guide for November 1858," lagen damals für Australien in Ladung:

Im Hafen von London: 48 Segelschiffe, darunter 18 für Melbourne, 9 für Sydney, 3 für Geelong, die übrigen für Neu-Seeland und Tasmania.

In Liverpool: 13 Schiffe, darunter 9 für Melbourne und Geelong, nebst einem Dampfer von 1733 Tonnen Gehalt (the Great Britain).

In Bristol: 1 Schiff für Melbourne.

In Glasgow: 4 Schiffe, darunter 3 für Melbourne.

In Dundee: 2 Schiffe für Melbourne.

In Leith (Hafen von Edinburg) 1 Schiff für Melbourne.

Zusammen 69 Schiffe, die in dem Emigration

guide nach Namen, Tonnengehalt und Schiffführern, genau bezeichnet sind.

Die Ueberfahrtspreise von England nach Melbourne betragen:

40 L. St. für Kajüten-Passagiere,

25 „ „ 2te Classe „

14 „ „ Zwischendeck „

Mehrere Schiffe sind nur für 1te und 2te Classe-Passagiere eingerichtet.

Die meisten gehören Actiengesellschaften an, wie z.B.:

the White horse (Clipper) line of packets.

„ Blackwall dto.

„ Eagle dto.

„ Mersey dto.

„ Aberdeen dto.

„ New-Zealand dto.

Die Aberdeen Clipper line for Sydney zählt allein 10 grosse Schiffe von 1000 bis 2000 Tonnen, die aus der Themse (von Gravesend) abgehen. Die New-Zealand Passenger Packet Company besitzt ebenfalls 10 grosse Clipperschiffe von 1000 bis 1500 Tonnen, wovon alle 14 Tage eins aus England abgeht.

Auch von Bremen und Hamburg gehen regelmässig Schiffe nach Australien ab. Das grosse Rhederhaus Cesar Godeffroy & Sohn in Hamburg hat seit 1850 14 grosse Fregatschiffe für Australien in Fahrt gesetzt, mit folgenden Preisen:

Für 1te Kajüte 240 Thlr.⎫

„ 2te „ 160 „ ⎬ mit Beköstigung.

„ Zwischendeck 80 „ ⎭

Ebenso hat Rob. M. Sloman in Hamburg mehrere Schiffe nach Australien in Fahrt.

In einem Bremer Schiff ist der Preis der Kajüte (am Tische des Capitains, ohne Wein) 220 Thlr., für das Zwischendeck 80 Thlr. Die durchschnittliche Reisezeit von Bremen nach Adelaide (eine Strecke von 14,400 englische Seemeilen oder 3600 deutsche Meilen) ist 4 Monate, nach den genauen Angaben des Bremer Schiffscapitains Eugen Laun, der die Reise öfter gemacht hat.

Schon seit einigen Jahren sendet die General Screw Steam Company von Zeit zu Zeit Schraubendampfer um das Cap der guten Hoffnung nach Australien, die den Rückweg um das Cap Horn nehmen.

Alle Schiffe, die aus Europa nach Sydney gehen oder von dort zurückkehren, fahren um Südaustralien herum, durch die Bassstrasse, da die Torresstrasse im Norden zu gefährlich, und zu manchen Zeiten gar nicht durchfahrbar ist.

Mit dem Jahr 1859 ist nun auch eine monatliche direkte Postdampferlinie (Ocean Mail service) zwischen England und Australien, über Egypten (Suez) in's Leben getreten, wozu die australische Colonial-Regierung 50,000 L. St. jährlich beiträgt. Die britische Regierung hat darüber mit der Peninsular and Oriental Steam Company einen festen Vertrag abgeschlossen.

Der erste Dampfer dieser Postlinie ging am 12. März 1859 von Southampton nach Alexandrien ab. Die gewöhnliche Zeit von England nach Egypten ist

14 Tage. Von Alexandrien nach Suez braucht man
(pr. Eisenbahn) 2 bis 3 Tage (mit dem Aufenthalte).
Von Suez fährt ein anderes Dampfschiff der genannten Peninsular and Oriental Gesellschaft nach
Aden und der Insel Mauritius (an diesen beiden Orten
sind Kohlenstationen), und von da nach der südaustra-
lischen Insel Känguru, die vor dem Eingang in
den Golf St. Vincent, 6 Stunden von Adelaide entfernt, liegt. *)
Zwischen Adelaide, Melbourne und Sydney, besteht ein elektrischer Telegraph, der die Ankunft
des europäischen Dampfers auf der Känguru-Insel
sogleich weiter meldet. Die Entfernung zur See von
Adelaide nach Melbourne beträgt noch 2 Tage, nach
Sydney 5 Tage (pr. Dampfer). Man hofft vermittelst
dieser neuen Dampferlinie die Ueberfahrt von England nach Melbourne in 52 Tagen (über Marseille
sogar in 45 Tagen) zu machen, einschliesslich des
Aufenthalts unterwegs (6 bis 7 Tage) zur Kohlen-
einnahme.

* Die Känguru-Insel ist die grösste australische Insel
(nach der Insel Tasmania): sie hat 80 Quadratmeilen Inhalt
und 220 Meilen im Umfang. Ihre grösste Länge von Süd
nach West ist 80 Meilen; ihre breiteste Stelle 33 Meilen. Das
Land besteht aus wellenförmigem Weide-, Sumpf- und Waldland. Die Niederungen werden bei hoher Fluth mit Salzwasser überschwemmt. Vom Festlande ist sie durch 2 Wasser-
strassen getrennt: the Investigator Strait (westlich von der
Halbinsel York) und the Backstairs Strait. Bei Ankunft des
europäischen Dampfers bringt ein Zweig-Dampfboot das Brief-
felleisen nach Glenely Jetty (6 Meilen von Adelaide).

Ein Liverpooler Privat-Dampf-Clipper (the Royal Charter), eins der vorzüglichsten Schiffe, machte öfter die Reise zwischen Liverpool und Melbourne, in 59, 62, 63 und zweimal in 64 Tagen, ging aber leider am 26. October 1859 auf der Rückreise von Melbourne (das es am 26. August verliess) in einem schrecklichen Sturme, an der Küste .von Wales (Menai Strait), mit 388 Passagieren und 112 Mann Bedienung, wovon nur wenige gerettet wurden, zu Grunde. Ausser einer Ladung Wolle hatte es noch für 5 bis 600,000 L. St. Gold an Bord.

Ueber Panama würde die Verbindung zwischen England und Australien wohl eben so rasch und billiger als über Suez, bewerkstelligt werden können, daher auch die englische Regierung im Mai 1859 ein Concurrenz-Ausschreiben erlassen hat zu einer ebenfalls monatlichen Linie auf diesem Wege, so dass künftig abwechselnd, via Suez und via Panama, alle 14 Tage eine Post nach und von Australien abgehen wird. Die Reisezeit von Southampton nach Melbourne ist über Panama auf 55 Tage festgesetzt, mit 100 L. St. Entschädigung für jeden Tag längere Zeit und 10 L. St. für jede Stunde, dagegen eine Prämie von 50 L. St. für jeden Tag kürzere Zeit. (S. Economist 28. May 1859.)

Durch die Dampfschifffahrt hat der ferne Orient seine frühere Bedeutung wieder gewonnen, und es ist kein Zweifel dass Centralamerika in Kurzem eines der wichtigsten Passageländer der Erde werden wird.

In Australien selbst bestehen verschiedene Dampf-schifffahrts-Gesellschaften zur Verbindung mit den Küstenstädten, mit Neu-Seeland u. s. w.

Die älteste Gesellschaft ist die Hunter river Steam Navigation Company, die schon im Jahre 1844 in Betrieb war und sich meist auf den Fluss Hunter (nördlich von Sydney) und auf den dortigen Steinkohlentransport nach den Küstenstädten beschränkt.

Dann besteht „the Australasian Pacific Mail Steam Packet Company," mit Sitz in London, (für den Verkehr zwischen den australischen Häfen und Neu-Seeland) und the Australasian Royal Mail Steam Navigation Company", Gres-ham house in London. Die Schraubendampfer dieser beiden Gesellschaften gehören zu den vorzüglicheren. Erstere hat auch schon Schiffe von Sydney (und Melbourne) nach Panama abgehen lassen, zum An-schluss an die diesseitige (atlantische) Royal West-india Mail Steam Packet Company.

Am stärksten scheint der Dampf-Verkehr zwi-schen Sydney und Neu-Seeland zu werden. Die Entfernung zwischen Sydney und der Bay of Islands (Neu-Seeland) beträgt 1200 Meilen, die ein gutes Dampfboot in 5 Tagen zurücklegt. (Ein Segelschiff braucht bei gutem Winde 8 Tage, bei widrigem Winde 14 bis 20 Tage.)

Massnahmen der britischen Regierung zur Beförderung und Regelung der Auswanderung.

Nach dem Gesetze vom 14. August 1834 werden von Seiten der britischen Regierung durch das Ministerium der Colonien (Colonial land and emigration board) für eine gewisse Zahl britischer Unterthanen, die sich in britischen Colonien ansiedeln wollen, freie Ueberfahrt, Verköstigung und ärztliche Hülfe bis zu ihrer Ankunft in den Colonien verwilligt, vermittelst eigens dazu ernannter Regierungs-Commissäre (Emigration Commissioners). Zum weiteren Fortkommen in den Colonien erhält jedes Familienhaupt mindestens 2 L. St. und jede einzelne Person, welche keiner Familie angehört, 1 L. St.

Zur Deckung dieser Auslagen dient der Erlöss des verkauften Kronlandes in den Colonien, das theils an Gesellschaften, theils an einzelne wohlhabende Einwanderer übergeht.

Unterstützungen für Süd- und Ostaustralien erhalten namentlich: Feldarbeiter, Taglöhner, Viehhirten, Schäfer, Weingärtner, Bergknappen (mitunter auch Handwerker) männliche und weibliche Dienstboten und ganze Familien.

In einer gegebenen Zeit haben dieselben kleine Abschlagszahlungen (part payments) zu leisten, wozu sie sich durch ein gedrucktes Formular (approval circular) und ihre Unterschrift, verbindlich machen.

Im Jahre 1849 schickte Consul Kirchner (von

Frankfurt aus) an 200 Weingärtner mit ihren Familien (meist aus dem Rheingau) nach Sydney, in freier Ueberfahrt, durch Eduard Delius in Bremen. Für einen jeden solchen in Deutschland angeworbenen Auswanderer erhalten die von der Regierung beglaubigten Agenten 1 L. St. (S. vorher S. 22.)

In England, Schottland und Irland bestehen in den Haupthäfen Auswanderungsbureaux, unter der unmittelbaren Leitung der Regierung, (under the immediate directions of Her Majesty's Emigration Commissioners).

Das Auswanderungsbureau in London hat einen Oberbeamten (Government Emigration officer) mit 4 Gehülfen (Assistants); das in Liverpool einen Oberbeamten mit 5 Gehülfen; das in Southampton mit 4; und das in Plymouth mit 2 Gehülfen.

In Schottland findet man in Glasgow und Greenock Auswanderungsbureaux, jedes mit einem Oberbeamten und 1 bis 2 Gehülfen. In Irland: zu Belfast, Cork, Limerick, Waterford, Londonderry und Tralee ebenfalls mit Gehülfen.

Diese Beamten ertheilen täglich (Sonntags ausgenommen) unentgeltliche Auskunft und Unterstützung an Auswanderer, und sehen darauf, dass dieselben nicht von gewissenlosen Agenten getäuscht oder übervortheilt werden.

Nach Australien und Neu-Seeland wanderten aus Grossbritannien in den letzten 34 Jahren (von 1825 bis 1858) 652,910 Personen aus. Die stärkste Zahl war im Jahre 1852 (87,881 Personen) und im

Jahre 1854 (83,237 Personen). Vor 1825 fanden
keine Aufzeichnungen statt. (S. Colonisation Circular, issued by Her Maj. Emigration Commissioners.
London 1859. S. 3.)

Auf Kosten der Regierung wurden aus Grossbritannien und Irland nach Australien gebracht, in den
Jahren 1837 bis 1858: 119,861 Köpfe; darunter
57,284 Männer, 59,256 Weiber und 3321 Kinder.
Die Auslagen für dieselben betrugen: 1,793,409 L. St.

Entdeckungsreisen im Innern von Australien.

Unter allen Reisenden, die bisher in das Innere
dieses grösstentheils noch unerforschten Landes ein-
zudringen versuchten, nimmt unstreitig der deutsche
Leichhardt die erste Stelle ein. (S. weiter unten
dessen Biographie).

Er durchzog in den Jahren 1844/45, 14 Monate
lang, die vor ihm noch von keinem Europäer betre-
tene Wildniss, von der Ostküste (Moreton-Bay) bis
zur äussersten Spitze der Nordküste (Port-Essington), längs dem grossen Meerbusen von Carpentaria,
ein Weg von mehr als 3000 englischen Meilen.

Ein zweiter kühner deutscher Reisender (Friedr.
Gerstäcker) durchwanderte im Jahre 1851 die weite
Strecke von Sydney nach Adelaide (von Osten nach
Südwesten) auf seine eigene Kraft angewiesen, ohne
Unterstützung der Regierung.

In einem von ihm gezimmerten Canoe schiffte
derselbe von Albury aus, den obern Theil des Mur-

8

ray hinab, konnte aber die Fahrt, wegen der vielen versunkenen Baumstämme (snags), nur eine kurze Strecke vollbringen und musste den übrigen Weg bis Adelaide ganz allein, blos mit seiner Büchse bewaffnet, durch die wilden Stämme der Eingebornen, zu Fuss zurücklegen, ein Wagestück, das seinem kühnen Ueberschreiten der Cordilleren in Südamerika (zwischen Buenos-Ayres und Valparaiso) durch die empörten Stämme der Pampas an die Seite zu setzen ist.

In den 4 letzten Jahren (1855/59 folgten mehrere britische Expeditionen in's Innere rasch aufeinander; die meisten gingen von der Südküste aus nord- und westwärts, eine auch von der Nordküste aus nordostwärts und eine von der Ostküste aus südwärts.

Leider blieb die an der Nordküste landeinwärts unternommene, unter Leitung des unerschrockenen A. C. Gregory, (von der man sich namentlich in England so viel versprochen hatte) ohne günstigen Erfolg. August Gregory ging im August 1855 von der Ostküste (Brisbane) aus zu Schiffe durch die Torresstrasse nach der Nordküste, auf Kosten der Regierung von Neu-Süd-Wallis mit allem Nöthigen ausgerüstet, in Begleitung des deutschen Botanikers Dr. Ferd. Müller (jetzt in Melbourne) und mehrerer anderer wissenschaftlicher Männer, darunter I. S. Wilson, Geolog, I. L. Erley, Naturforscher und Arzt, Thomas Baines, Künstler und Lageraufseher, Henry Gregory, Geometer, folgte dann dem Flusse Victoria (von der Mündung aufwärts) bis zum 15° 38[1]

südlicher Breite, fand in östlicher Richtung eine grasreiche Ebene, dann aber in südöstlicher Richtung
eine weite Sandebene, wo ihn ein gänzlicher Mangel
an Wasser zur Umkehr nöthigte. Von da brach
Gregory am 28. Juni 1856 nach dem Albertfluss am
Carpentaria-Golf auf, wohin er sein Schiff zur See
mit frischem Proviant beordert hatte, das er aber
verfehlte, wendete sich dann vom Albertfluss östlich,
wo er auf Leichhardt's ersten Reisepfad stiess (der
sich durch Einschnitte in den Bäumen kundgab),
ging den Mackenzie- oder Fitzroyfluss hinab und erreichte am 22. November (also nach 5 monatlicher
Wanderung) wieder die erste europäische Niederlassung an der Nordostküste.

Gregory's Tagebuch über diese Reise erschien erst
im Jahre 1859 im Journal of the London Geographical Soc. Auszüge daraus enthält die deutsche
Zeitschrift „das Ausland" Nr. 43/44 (Oct.) 1859.
Gegen Ende December 1856 traf er wieder in Sydney ein.

Durch diese Expedition scheint man die Ueberzeugung gewonnen zu haben, dass sich am südwest-
lichen Ufer des Meerbusens von Carpentaria nur
wenig Land zum Anbau vorfindet, und blos die Ufer
der (sämmtlich in nördlicher Richtung laufenden)
Flüsse und Creeks grasreich, die Flüsse selber aber
im Sommer fast immer schnell wasserleer sind.

Dagegen brachte Dr. Ferd. Müller von dieser
Reise viele neue Pflanzen mit. Nach seiner Angabe
(in Petermann's geographischen Mittheilungen 1857.

8*

S. 199) sammelte er in der tropischen Zone von
Australien an 1500 verschiedene Species, von denen
500 wenigstens noch nicht beschrieben waren. (S.
Pflanzen.)

Eine andere Expedition unternahm Gregory *)
im März 1858, von der Moreton-Bay aus (Ostküste),
zur Aufsuchung von Leichhardt's Spuren in nordwestlicher Richtung, bis zum 23°, wo aber die
Wüste (nachdem er etwa 100 englische Meilen in
derselben vorgedrungen) seinem weiteren Fortschrei-
ten ein so unüberwindliches Hinderniss, durch gänz-
lichen Wassermangel, entgegen setzte, dass er sich,
um dem Untergange in dieser trostlosen Gegend zu
entfliehen, gezwungen sah umzukehren.

Er glaubt auch, dass Leichhardt in dieser fürch-
terlichen Oede (die er einem hartgebrannten Ziegel-
felde vergleicht) elendiglich umkam.

Ein Deutscher (W. v. Wedell), welcher Gregory
auf dieser Reise begleitete, schilderte, in einer Un-
terredung mit Ludwig Becker in Melbourne, diese
Wüste wie von einem Erdbeben zerrissen, voller
Spalten und Sprünge (letztere 1 bis 2 Fuss breit
und ungemein tief), für Mann und Ross gleich be-
schwerlich und gefährlich. Der Boden ist rother

---

*) August Gregory ist nicht mit seinem Bruder Henry Gre-
gory zu verwechseln, der ihn auf seiner ersten und zweiten
Reise begleitete und im August 1858 mit 3 Mann der letzten
Expedition und mehreren Pferden von Adelaide abging, um
Babbage in seinen neuen Forschungen (im Westen) zu unter-
stützen.

Sand, durch irgend ein Bindemittel fast zum Steine geformt. Gregory wandte sich nun südlich, und suchte und fand Mitchell's Victoria river, den Kennedy in südwestlicher Richtung weiter verfolgt hatte, und der mit dem im Jahre 1845 von Capt. Sturt entdeckten Cooper's Creek zusammen fällt, und kam am 21. Juli 1858 (zur allgemeinen Ueberraschung, da man ihn im Norden vermuthete) in Adelaide an, wo er und seine kleine Truppe mit grossen Ehren und Festlichkeiten empfangen wurde. (Eine nähere Schilderung dieser Reise enthalten die Proceedings of the Royal Geogr. Soc. in London, vol. III. (Expedition from the Moreton-Bay in Search of Leichhardt, und die Berliner Zeitschrift für Erdkunde November und December 1858).

Ludwig Becker lernte Gregory bei seinem Aufenthalte in Melbourne (wo er bei Dr. Müller im botanischen Garten wohnte) persönlich kennen. Er schildert denselben als einen kleinen Mann, muskulös, schnell im Gang, zwischen 40 und 50 Jahren, höflich, bescheiden, scharf beobachtend, mit Anlage zu Witz, mässig, ausdauernd, mit lederartiger Haut und Gesichtsfarbe, kurz ganz geschaffen zu Strapatzen und Entbehrungen.

An der Ostküste wurde im October 1858 eine Expedition den Fitzroyfluss hinauf unternommen (S. vorher S. 25) und an der Westküste machte im October 1857 der Gouverneur von West-Australien eine Reise von Perth nach Champion-Bay und Port-Gregory bis zu den Bleigruben von Geraldine (36 Meilen von Port

Gregory) und zu den Kupfergruben von Wanerenooka. Viehzucht wird dort schon stark getrieben (Schafe, Rinder und Pferde). Perth und Freemantle erhalten ihr meistes Hammel- und Ochsenfleisch aus diesem nördlichen Distrikt.

An der Südküste, zwischen dem Spencer-Golf und Streaky-Bay, in nordwestlicher Richtung, entdeckte im Juni 1857 Stephen Hack (der auf Kosten der Regierung von New-South-Wales von Sydney aus seine Expedition unternahm), einen neuen Inland-See (Salzsee): Gairdner Lake, wovon Petermann in seinen geographischen Mittheilungen 1858, S. 373 eine Skizze gibt. Einige Zeit vorher bereiste Major Warburton auf eigene Hand diese Gegend, auf dessen Spuren Hack hin und wieder stiess.

Im Mai bis August 1858 machte ein seitdem rühmlich bekannter Privatmann, John Mac. Dougal Stuart, vom Hintergrunde des Spencer-Golfs (Port-Augusta) aus eine grössere Expedition um Weideland zu suchen und vervollständigte Hack's Entdeckung um Vieles. Er umging den nördlichen Theil des Gairdner-Sees und stiess in nordwestliäher Richtung von da (zwischen 29⁰ und 30⁰) auf eine Gebirgskette, von welcher mehrere kleine und ein grosser fischreicher Fluss in nordwestlicher Richtung abflossen. Stuart vermuthet, dass nordwestlich von diesem Gebirge noch ein anderer grosser Inland-See liegt, dass Lake Torrens nur ein Ueberlauf (Ablauf) jenes Sees in der Regenzeit ist, endlich dass der Victoriafluss nicht in den Lake Torrens mündet (wie Gregory angibt), sondern durch Lake Torrens in jenen grösseren See fliesst. Das von Stuart durchzogene Land umfasst 4 Breitegrade und über 5 Längegrade. Die geographische Gesellschaft in London hat in ihrer Jahresversammlung am 23. Mai 1859 Stuart, in Anerkennung seiner Verdienste um die Geographie in Süd- und Centralaustralien und für die Auffindung grosser Striche Weidelandes, eine goldene Uhr zuerkannt. Im April 1859 unternahm derselbe muthige Reisende eine neue Expedition, die er noch 300 Meilen weiter als die frühere ausdehnte, bis zum 26. Breitegrade. Er fand dort ebenfalls schönes Grasland und viele Süsswasserquellen, und kehrte am 17. Juli nach Adelaide zurück. Eine dritte Reise beabsichtigt Stuart wo möglich bis zum nördlichen Carpentaria-Golf zu machen, wenn ihn die Colonial-Regierung dabei kräftig unterstützt.

Ungefähr um dieselbe Zeit, mit Stuart's erster Reise, sandte die Regierung von Südaustralien einen schon bekannten Reisenden, B. Hershell Babbage, mit dem Geometer Harris in gleicher Richtung ab (von Adelaide nach Port-Augusta durch Dampfer). Nach einem Schreiben von Ludwig Becker in Melbourne vom 17. Decbr. 1858 (S. Notizblatt des Vereins für Erdkunde in Darmstadt, März 1859) begegnete Babbage dem obenerwähnten Stuart, copirte dessen Tagebuch und Karte, entdeckte dass Lake Torrens in N. W. aus 3 isolirten Seen besteht, und die ganze Gegend dort herum aus unzähligen kleinen Creeks, die durch Süsswasserquellen genährt werden, bewässert ist, erreichte den kleinen See Younghusband, und kehrte bald darauf nach Port-Augusta zurück. Die südaustralische Regierung scheint mit diesem Erfolg nicht ganz zufrieden gewesen zu sein und beauftragte mit der ferneren Leitung der Expedition den vorerwähnten Major Warburton, der am nördlichen Ufer des Gairdner Sees bis zum 31° vordrang.

Ausserdem fanden in den Jahren 1857/58 noch einige andere Privat-Expeditionen von Thompson, Campbell und Swinden in westlicher Richtung vom Torrens-See etwa 200 Meilen weit, von Saltia aus, und von Goyder und Freeling nach den nordöstlichen Theilen des Torrens-Sees statt. Goyder schildert (vielleicht etwas allzu enthusiastisch) den nordöstlichen Theil des Torrens-Sees als sehr wasserreich; Freeling hingegen denselben See als sehr wasserarm. Vermuthlich haben Beide diesen See zu verschiedenen Jahreszeiten besucht; denn wie die Ebene um Adelaide nach der Regenzeit ein schönes Grasland, im Sommer aber eine öde Wüste ist, so mag es sich auch mit dem Torrens-See und seinen Umgebungen verhalten.

In der Colonie Victoria wurden, von Melbourne aus, zwei erfolgreiche Excursionen von Deutschen, nach der dortigen Alpen- und Bergregion, unternommen; die erste im November und December 1854 von dem Botaniker Dr. Ferd. Müller, die andere von Januar bis März 1857 von Dr. v. Schenck und dem Botaniker Wilhelm. (S. Gebirgsland.)

Von früheren Reisenden, die sich um die Er-

forschung des Innern von Australien verdient gemacht,
sind hier hauptsächlich zu erwähnen: der Landesvermesser Major Mitchell (später zum Baronet erhoben, als Sir Thomas M.), der schon im Jahre 1827
in New-South-Wales in Thätigkeit war, im Jahre
1836 auf Kosten der dortigen Colonial-Regierung
das Flussgebiet des Murray und Australia felix untersuchte, und im Jahre 1845 von Buree aus (am
Zusammenflusse des Macquarie in den Derby) eine
Expedition den Darling und Lachlan hinab, bis zur
Südküste, unternahm, wofür ihm die gedachte Regierung 1000 L. St. bewilligte. Auch Oberst Sturt
fuhr im Jahre 1828 bis 1831 und später (1845) den
Murumbidgee und Murray hinab, bis zum 28⁰ südlicher Breite (ebenfalls auf Kosten der Regierung)
und nordwestlich in den Victoria river.

Der erste der im Jahre 1814 über die blauen
Berge (westlich von Sydney) ging, war der Landesvermesser Oxley. Einige Jahre darauf drang er
mit Evans (1816 bis 1823) südwärts vor. Ihnen
folgten in gleicher Richtung Howell und Hume
(1824), Barker (1831), Roe und Eyre (1840 bis
1844) und Austin.

Im Westen drangen Lieut. Gray und Lushing-
ton am Swan river vor, während Cunningham
(1823 bis 1829) den Norden und Kennedy den
Südosten und Nordosten bereiste. Letzterer wurde
im Jahre 1848 von den Wilden unfern Cap York
ermordet. Auch Capitain Barker fand an der Südküste seinen Tod durch die Hände der Wilden.

Ed. John Eyre erhielt im Jahre 1842 von der geographischen Gesellschaft in London die Stiftersmedaille (founders medal) für seine Entdeckungen in Australien.

Kurzer Lebensabriss von Ludwig Leichhardt. *)

Friedrich W. Ludwig Leichhardt wurde am 23. October 1813 zu Trebatsch bei Beeskow in Preussen (Kreis Lübben) geboren, wo sein Vater Königl. Torfinspektor war. Von dessen acht Kindern war Ludwig das sechste. Nachdem dieser das Gymnasium zu Cottbus besucht, ging er im Jahre 1833 auf die Universität Göttingen, wo er mit einem jungen Engländer, J. Nicholson, (dem Bruder seines späteren Freundes W. Nicholson) vertraut wurde. Im Jahre 1834 studirte er in Berlin im Verein mit W. Nicholson. Letzterer bewies Leichhardt eine grosse Zuneigung, nahm ihn zu sich auf sein Zimmer und schenkte ihm 1000 Thaler, welche Leichhardt jedoch seinem damals in Geldverlegenheit befindlichen Vater überschickte. Im Herbste 1836 machten die beiden Freunde (Leichhardt und Nicholson) mit Professor Quenstedt

*) Vergl. damit „Biographische Skizze von Dr. Ludwig Leichhardt, von E. A. Zuchold," in der Zeitschrift für die gesammte Naturwissenschaften, herausgegeben von dem naturwissenschaftlichen Verein für Sachsen und Thüringen in Halle (durch Giebel und Heintz) 7ter Band, Jahrgang 1856. Berlin bei Bossche 1856. Mit Bildniss und Namenszug von Ludwig Leichhardt. (Hiervon ist ein Separatabdruck erschienen.)

einen Ausflug in den Harz, wobei sich Leichhardt durch seinen Eifer für wissenschaftliche Forschungen, besonders für Geologie, auszeichnete, und begleitete dann W. Nicholson (auf dessen Kosten) auf einer Reise nach Frankreich und Italien. Nicholson wurde bald darauf Arzt in Clifton bei Bristol, und auf seine Empfehlung und Verwendung ging Leichhardt im October 1841 nach Australien (Sydney), nachdem er zuvor einen Ausflug in das nördliche England (Newcastle) gemacht. Von Sydney aus trat er am 14. August 1844 seine grosse Entdeckungsreise über Moreton-Bay in die bisher völlig unbekannte Wildniss an, mit 7 Begleitern, wovon einer (ein Engländer) von den Wilden getödtet und 2 andere verwundet wurden. Am 1. October 1844 verliess Leichhardt die letzte inländische europäische Station (Ansiedelung) an den Darling downs und erreichte, nach 14 monatlicher Anstrengung, unter den grössten Entbehrungen und Gefahren, am 17. December 1845 das Ziel seiner Wanderung (Port-Essington an der äussersten Nordküste) 3000 englische Meilen von Moreton-Bay, mit allen Umwegen und Krümmungen.

Von da kehrte er am 29. März 1846 mit einem von Batavia nach Port-Essington gekommenen englischen Dampfer nach Sydney zurück, wo ihm in einer grossen Versammlung im Saale der Kunstschule (School of arts) am 21. September 1846 von dem Präsidenten des Colonial-Parlaments (legislative Council) 1000 L. St., nebst einer weiteren bedeutenden Summe von den Einwohnern gesammelt, überreicht wurden. (Von den 1000 L. St. erhielt Leichhardt 600 L. St. für sich, das übrige ging an seine Begleiter).

Auch die Königl. Geographische Gesellschaft in London erkannte ihm in ihrer Sitzung vom 24. Mai 1847 ihre goldene Verdienst-Medaille zu, und ebenso die Pariser Société de Géographie ihre goldene Medaille.

Eine Büste von ihm befindet sich in Sydney, wovon ein Gypsabguss auf die Pariser Ausstellung und eine andere nach Berlin kam. In der Wissenschaft ist sein Name bei mehreren von ihm entdeckten neuen Pflanzenarten und Korallen eingeführt.

Der Sydney Herald vom 22. September 1846 enthält die Rede des obenerwähnten Präsidenten, woraus ich folgende Stelle entnehme:

„Ausser der durch öffentliche Subscription in wenigen Wochen aus allen Theilen der Colonie eingegangenen Summe (1518 L. St.) hat Ihnen die Colonial-Regierung 1000 L. St. aus den Kroneinkünften ausgesetzt; aber der schönste Lohn für Ihre Unternehmung liegt in dem unvergänglichen Ruhm, Ihren Namen in die Reihe jener grossen Männer aufgenommen zu sehen, deren Genie und Unternehmungsgeist sie begeisterte, ihren Ruhm in der Erweiterung unserer geographischen Kenntnisse zu suchen, in die Reihe eines Niebuhr, Burckhardt, Park, Clapperton, Landers, oder was die specielle Kunde Australiens betrifft, eines Oxley, Cunningham, Sturt, Eyre und Mitchell."

Leichhardt's Tagebuch in englischer Sprache erschien in England unter folgendem Titel:

„Journal of an overland expedition in Australia from Moreton-Bay (East) to Port-Essington (North), a distance of upwards 3000 Engl. Miles, during the years 1844 and 1845, by Dr. L. Leichhardt. London 1847."

Auszüge daraus enthielten mehrere Zeitschriften:

1) Journal of the London Geogr. Soc. 1846.

2) London Journal of Botany 1847.

3) Froriep's Journal der Geographie und Naturgeschichte 1847.

4) Botanische Zeitung 1849.

Erst im Jahre 1851 erschien eine deutsche Uebersetzung von Leichhardt's Werk. Halle 1851 (von Ernst A. Zuchold.)

Folgende Auszüge aus Leichhard's Tagebuch mögen die Schwierigkeiten zeigen, womit derselbe auf dieser Reise zu kämpfen hatte:

„Von Jimba, der letzten Station der Civilisation (an den Darling downs, die sich bis zu 1800 bis 2000 F. erheben), traten wir unsere Reise in die Wildniss an. Bald trafen wir auf weite Ebenen, mit üppigem Gras und Kräuter bedeckt, bald auf Gebüsch und Wald, zuweilen auch auf Gräber von Eingeborenen (conische Sandhügel), auf Lagunen und seichte Flüsse. Dabei hatten wir kein anderes Obdach, als Gottes freien Himmel.

Durch den Wechsel der Diät litten wir alle an

heftiger Diarrhoe, und später durch häufigen Mangel an Wasser.

Durstig und des Lebens überdrüssig, im Begriff vor Mattigkeit vom Sattel zu sinken, ritt ich oft dahin. (S. 219.) Das Pferd, fast eben so kraftlos, stolperte über jeden Stein. Weder mein Pferd noch ich hatten während 36 Stunden getrunken. (S. 209.) Thee ist ohne Frage eines der nöthigsten Bedürfnisse auf einer solchen Reise, Zucker ist weit eher zu entbehren, ebenso auch Mehl. Mangel an Salz verursachte uns Hartleibigkeit. (S. 317.) Solche Ereignisse (wo die Pferde von Schlangen gebissen oder schädliche Pflanzen fressend) und andere, waren wohl geeignet, uns unsere Abhängigkeit von der Vorsehung fühlen zu lassen, welche bisher so gütig und barmherzig gegen uns gewesen war. (S. 240.) Einer einsamen, grossartigen Natur allein gegenüber zu stehen, ist ausserordentlich erhebend. Man fühlt seine Kleinheit und Schwäche, aber man fühlt sich in ihr als einen ihr zugehörigen Theil.

Unsere Hemden waren zuletzt dünn und zerrissen, unsere Beinkleider bestanden durchweg aus Läppchen, unsere Schuhe dagegen waren noch in gutem Stande (weil durch die Moussins geschont und verwahrt). Ich lebte von Damper, Speck, Thee und Zucker, hüllte mich des Nachts in meine Wollendecke und blickte in den gestirnten Himmel hinein, dessen leuchtende Sternbilder so gross und ruhig vor mir vorüber glitten.

Nussähnliche Wurzel-Knollen (Allamur) von dem

Rhizome eines Grases oder einer Segge, essen die
Wilden in der Nähe der Nordküste vorzugsweise,
und am Seestrande Schalthiere. Auch wir fanden
die kleinen Knollen gut zum essen, süss, mehlig
und nahrhaft.

Von Thieren traf Leichhardt auf seiner Reise
ganze Schwärme Cacadus (schwarze und weise), schwarze
Schwäne, wilde Enten und Gänse, Schlangen, Eidechsen und Moskitos; auch Känguruh und australische Strausse oder Casuare (Emuhs)."

„Endlich nach langem Wandern lagen die weissen
Häusser von Victoria oder Port-Essington (11°
22¹ südlicher Breite), eine Reihe Strohhütten und
das Haus des Commandanten Capitain Macarthur, und
Gärten mit prächtigen Cocuspalmen, vor uns." (S. 429.)

Seine zweite und letzte Reise unternahm Leichhardt im Herbst 1846, ebenfalls wieder von der
westlichen Station (M. Denne's Station, Darling Downs),
200 Meilen von Moreton-Bay aus, von wo er beab-
sichtigte in westlicher grader Richtung nach dem
Swan river vorzudringen (vielleicht auch wieder bis
Port-Essington hinauf und dann südwestlich). Ich
verfolge, schrieb Leichhardt, meinen früheren Weg
bis zu den Tropen (22° 44¹), und wende mich dann
gegen Westen, um zu versuchen, ob ich in dieser
Breite gegen das Innere vordringen kann. Nach
seiner Berechnung glaubte er 2 bis 2½ Jahre damit
zuzubringen.

Seine Caravane bestand aus 6 Weissen, darunter
ein junger Gerbergeselle, Böcking, vom Rhein, und

2 Schwarzen (alle freiwillig), mit 12 Pferden, 13 Maulthieren, 40 Ochsen und 180 Schafen, und Vorräthe von Lebensmitteln, besonders Mehl, Thee, Zucker, Salz etc. Dazu erhielt er (durch Subscription) von der Colonie in New-South-Wales 600 L.St. zur Verwendung.

Von dieser zweiten Reise kehrte er zweimal zurück; einmal wegen Krankheit von Thieren und Menschen,*) das andermal um Kenntniss zu geben von einer herrlichen Gegend, die er (300 Meilen weit im Innern) angetroffen und auf die er aufmerksam machen zu müssen glaubte, falls er nicht mehr zurückkehrte.

Im December 1847 brach er zum drittenmal auf. Das letzte Schreiben von ihm (an einen Freund in Sydney gerichtet) ist vom 3. April 1848 von M. Macpherson's Station (Cogoon, auf den Fitzroy downs,) datirt.

Wie immer, voll Muth, Hoffnung und Gottvertrauen, lenkte Leichhardt seine Schritte mit den wenigen Gefährten dem unbekannten Lande zu, und — kehrte nicht wieder. Die Art und Weise, so wie der Ort seines Unterganges, sind uns ein unlösliches Räthsel, bleiben ein Geheimniss der australischen Wildniss.

Eine im Jahre 1852 unternommene Expedition

---

*) Auch Leichhardt litt auf dieser zweiten Reise an Augenentzündung, durch die Fliegen verursacht, die sich unaufhörlich um die Augen setzten.

(unter Haly) und eine andere im Jahre 1858 (unter Gregory), zur Aufsuchung von Leichhardt's Spuren, blieben ohne Erfolg. (S. vorher S. 116.)

Ueber die künftige Nutzbarkeit Australiens.

Noch ist das Festland von Australien kaum zur Hälfte bekannt. Namentlich ist der weite Landstrich im Südwesten (zwischen dem Spencer-Golf und dem Schwanenfluss) so wie auch Centralaustralien noch eine Terra incognita.

Das aufgeschlossene Gebiet im Nordwesten und Südwesten besteht meist aus Salzebenen und Salzgebüschland, Salzseen, seichten Flüssen und Wasserlöchern, mit wenigen Süsswasserquellen, wenn auch hin und wieder mit gutem Grasland. Die Flüsse und kleineren Wasserrinnen (Creeks) sind während des grössten Theils des Jahres trocken, und blos zur Zeit der Regengüsse gefüllt und aus ihren Ufern tretend. Nach dem Innern zu stösst man auf unübersehbare grosse Wüstenstriche (Centralwüste?), ähnlich der Wüste Sahara in Afrika, wo ein gänzlicher Mangel an Vegetation und Wasser herrscht.

Wenn nun gleich einzelne Distrikte und Provinzen Australiens im Süden und Osten sich mit den reichsten Gegenden der Erdoberfläche messen können, sowohl in Viehtriften als Ackerland, und noch Millionen fleissiger Menschen dort Unterkommen finden, so geht doch aus dem bis jetzt bekannt gewordenen Lande hervor, dass es nicht unter die fruchtbaren

zu rechnen und der wahre Mittelpunkt immer nur
an oder in der Nähe der Küste zu suchen sein wird,
wie bei den Gebirgsländern des Atlas und von Guyana.
Im westlichen und nördlichen Theil Australiens (auch
in der Colonie am Schwanenflusse) bildet das wirklich fruchtbare Land nur zerstreute Oasen.

Das Haupthinderniss zu einer ausgedehnten Ansiedelung im Innern wird stets der Mangel an
trinkbarem Wasser sein.

In der Gegend von Adelaide hat man schon im
Jahre 1851 angefangen, artesische Brunnen zu
graben. Inwieweit diese aber dem Bedarfe entspre-
chen, muss die Zukunft lehren. (Nach Gerstäcker
sollen selbst gegrabene Brunnen in Südaustralien nur
Salzwasser geben).

Zum schnelleren Fortkommen und Durchschreiten
der Wüsten und Salzsteppen hat man auch jetzt den
früheren Plan wieder aufgenommen Kameele in
Australien einzuführen, die zur Reise im Innern sich
weit besser eignen als Pferde. Zu diesem Zwecke
hat sich die Regierung von Victoria erboten, 3000 bis
4000 L. St. zu bewilligen, und es ist kein Zweifel,
dass die Einführung dieser Thiere in Kurzem stattfinden wird. (S. Schreiben von Ludwig Becker in
Melbourne, vom 14. September 1858, an den Verein für Erdkunde in Darmstadt.)

Ueber das muthmassliche Alter von Australien.

Seither war man fast allgemein der Meinung, dass
sich der grosse australische Continent erst in ver-

hältnissmässig neuer Zeit aus dem Meeresgrunde erhoben und vielleicht noch jährlich, wenn auch nur unbedeutend, erhebe, wie Ludwig Becker in Melbourne in seinem Vortrage im dortigen Philosophical Institute nachzuweisen versuchte (S. Notizblatt des Vereins für Erdkunde in Darmstadt, Februar 1859, und Petermann's November-Heft 1858) und Australien zu den unausgebildeten Erdindividuen gehöre. Dagegen spricht sich nun Dr. Ferd. Hochstetter in einem Schreiben aus Sydney an die Kaiserl. Akademie zu Wien vom 14. December 1858 entschieden aus, d. h. in völlig entgegengesetztem Sinne, indem er Australien für den ältesten Continent der Erde erklärt. Man kenne dort nur krystallinisches Gebirg und primäre Formationen (ausser sehr unbedeutenden und beschränkten tertiären Ablagerungen), woraus zu schliessen, dass Australien seit dem Ende der Primärzeit Continent, nie wieder vom Meere bedeckt, somit seit dem Anfange der sekundären Epoche durch alle jene undenkbaren Zeiträume hindurch, während deren Europa den gewaltigsten geologischen Revolutionen unterworfen, ein ruhiger Boden gewesen, auf dem Pflanzen und Thiere gedeihen konnten, in ununterbrochener Reihenfolge bis heute, so dass seine jetzige Fauna und Flora in direkter Abstammung den ältesten Stammbaum aufzuweisen hätte. (S. Petermann's geographische Mittheilungen, 5tes Heft 1859, S. 208.)

DRITTER ABSCHNITT.

~~~~~~~

Neu-Seeland (New-Zealand).

Dieses zuerst von Cook in seiner ganzen Küsten-
ausdehnung erforschte Land liegt gerade unter unsern
Füssen, auf der entgegengesetzten Seite des Erdballs,
1200 englische Meilen von Sydney entfernt. Es besteht aus 2 grossen Inseln und einer kleineren, die
sich durch 13 Breitegrade (von 34° bis zu 47°) er-
strecken, und in Lage und Gestalt Vieles mit England und Irland gemein haben (nur dass sie nicht
nebeneinander, sondern hintereinander liegen), daher
man sie auch schon häufig „südliches Britannien"
(Britain of the South) nennt.

Georg Forster (Cook's Begleiter) schrieb schon
im Jahre 1787: „Für den alle Länder in seinen Be-
reich ziehenden Handel, welcher räumlich getrennte
Welttheile verbindet, kann keine Lage vortheilhafter
sein als Neu-Seeland, jene schöne Inselgruppe in

der Mitte zwischen Indien, Afrika und Amerika. Man denke sich in Neu-Seeland einen Staat mit Englands Verfassung, und es wird die Königin der südlichen Welt."

Von den beiden Inseln ist die S ü d insel am gröss-ten, sie enthält:

	Acres		engl. ☐M.
ist die S ü d insel am grössten, sie enthält:. . . .	46,126,086	oder	72,072
die N o r d insel:	31,174,400	„	48,710
die kleine Stewart-Insel: .	1,152,000	„	1,800
zusammen .	78,452,486	oder	122,582

Dagegen hat: .	Acres		engl. ☐M.
England und Wales . . .	36,910,680	oder	57,812
Schottland	18,944,000	„	29,600
Irland	20,808,320	„	32,513
zusammen .	76,762,000	oder	119,925

Die Südinsel erstreckt sich noch an 100 geographische Meilen weiter als die Nordinsel gegen die Polarseite der Erde herab. Durch erstere zieht sich in ihrer ganzen Ausdehnung vom Cap Farewell bis Dusky-Bay auf der Westseite eine h o h e Alpen-kette hin, deren höchste Gipfel (12000 bis 13000 F.) mit ewigem Schnee bedeckt sind.

Auch die N o r d insel hat schneebedeckte Berge, doch weniger hoch wie die Südinsel. Die höchsten Gipfel der Nordinsel sind Mount-Egmont (in der Provinz New-Plymouth) und Ruapahu und Tonga-riro (in der Provinz Wellington). Den Berg Egmont fand Dieffenbach (der ihn bestieg) 8839 Fuss hoch. Der Ruapahuberg ist noch einige 100 Fuss höher.

Der eben genannte deutsche Naturforscher Dr. Ernst Dieffenbach (damals in Diensten der englischen Neu-Seeland-Gesellschaft) unternahm im April 1841 einen Ausflug in das Innere der Nordinsel zu den vulkanischen Berggruppen des Tongariro (6200 F.), die er in seinem in englischer Sprache erschienenen Reisewerke: Travels in New-Zealand, with contributions to the Geography, Geology, Botany and Natural History of that country, by Ernest Dieffenbach M. D. Late Naturalist to the New-Zealand Company. 2 vol. London 1843 *) auf das anschaulichste schildert.

Nach Dieffenbach hat diese Berggruppe viele Aehnlichkeit mit der Auvergne in Frankreich, und bildet das Centrum der vulkanischen Thätigkeit der Nordinsel. Ein anderer ausgezeichneter deutscher Naturforscher Dr. Ferd. Hochstetter, der mit der österreichischen weltumsegelnden Fregatte Novara am Schlusse des Jahres 1858 nach Neu-Seeland kam

---

*) Dr. Dieffenbach stammte aus dem Darmstädtischen, wurde später Professor der Mineralogie in Giesen und starb daselbst im October 1855. Ausser seinem Werke über Neu-Seeland gab er eine Uebersetzung der Reise von Darwin und der zweiten Reise von Lyell heraus, und lieferte die geologische Aufnahme der Section Giessen, der Karte des Grossherzoglich Hessischen Generalquartiermeisterstabs. (Darmstadt 1856). Auch war er Mitarbeiter an dem Liebig'schen Jahrbuche für Chemie, Physik etc.

und diese Gegend im März 1859 besuchte, fand hier über 60 Vulkane, von verschiedenem Alter, die jüngsten wahrscheinlich in die historische Zeit hineinreichend.

Von einem vulkanischen Ausbruch ist den Eingebornen der Nordinsel nichts bekannt. Dr. Dieffenbach sah jedoch noch einen Berg, der dicken schwarzen Rauch ausstiess, und aus mehreren anderen Bergen Dämpfe aufsteigen. Im Ganzen weisst alles darauf hin, dass die vulkanische Thätigkeit auf Neu-Seeland ihrem Ende naht. (S. weiter unten Reise von Hochstetter). Leichte Erdbeben kommen noch von Zeit zu Zeit vor.

Vom Tongariro zieht sich eine Kette von Seen nach der Nordostküste hin, darunter der kleine See Rotu Mahana (1 englische Meile im Umfang) mit heissen Quellen mitten im See, die sich durch beständiges Aufwallen kund geben. Das Wasser dieses Sees ist von blauer Farbe; die hügeligen Ufer sind stark bewaldet.

Der grosse See Taupo (60 englische Meilen im Umfang), an dessen südlichem Ende sich der noch thätige Vulkan Tongariro mit seinem Schneegipfel erhebt, hat steile waldige Ufer und einen starken Wellenschlag wie ein Schweizersee.

Zwischen den Bergen Tongariro und Egmont ist das ganze Land mit dichtem Wald bedeckt.

In Folge einer in Sydney, zu Anfang des Jahres 1859, an Dr. Hochstetter ergangenen Einladung des Generalgouverneurs von Australien, verstand sich derselbe dazu, einen Theil von Neu-Seeland zum Zwecke geologischer Forschungen zu bereisen.

Im März 1859 fuhr die Expedition (unter Hochstetter's Leitung) von der Stadt Auckland aus, dem Flusse Waikato, der aus dem Taupo-See kommt, hinauf, folgte dann dem höchst merkwürdigen Zuge kochender Springquellen, Solfataren und Fumerolen, welche in einer nordöstlichen Richtung zwischen dem thätigen Krater des Tongariro und dem ebenfalls noch thätigen Inselvulkan: „White Island", an der Ostküste, liegen, und kehrte von da über das Gebirg Hakacimata nach Auckland zurück.

Die Hauptresultate seiner Untersuchungen theilte Hochstetter in einem Vortrage mit, den er zu Ende Juni d. J. in dem Mechanics Institute zu Auckland in englischer Sprache hielt, und die in Bezug auf die Aufschliessung mineralogischer Schätze in Neu-Seeland ohne Zweifel von Wichtigkeit sein werden. *)

Im August 1859 wollte Dr. Hochstetter noch die Provinz Nelson (auf der Südinsel) besuchen, im September nach Sydney, und von da über Panama nach Europa zurückkehren.

Auf der Südinsel dehnen sich längs der Ostküste

---

*) An Mineralien ist Neu-Seeland reich. Kupfer und Gold findet man in der Provinz Nelson (seither wurden dort wöchentlich über 2000 L. St. Gold gewonnen); Steinkohlen in der Provinz Auckland, Eisensand bei New-Plymouth u. s. w. Die Steinkohlen sind von muscheligem Bruch und sehr guter Qualität, gehören aber mehr zu den Braunkohlen.

fruchtbare Thäler und grasreiche Ebenen bis zum
Fusse der Alpen aus, von zahlreichen klaren Berg-
bächen bewässert, und hier wird auch wohl das Land
künftig seine stärkste Bevölkerung erhalten, (die
Westseite zeigt mehr steile Felsmassen).

Alle Bäume behalten in Neu-Seeland das ganze
Jahr hindurch ihr frisches Grün. Schnee bleibt in
den Niederungen der Nordinsel selten liegen, und
selbst auf der Südinsel schmilzt er schon in 1 oder
2 Tagen.

Die Waldungen aus zahlreichen Baumarten, meist
aber aus Fichten (Kauri pini) und Akazien bestehend,
darunter mächtige Stämme, liefern treffliches Zim-
mer- und Schiffbauholz.

Farrnkräuter trifft man auf ʽbeiden Inseln in
grosser Menge bis zu 5 bis 6 Fuss hoch. Die
Wurzeln des Farrnkrauts (Acrostichum Furcatum L.)
wurden früher und werden zuweilen jetzt noch von
den Eingebornen gegessen (zuerst geröstet, dann
zwischen Steinen zerquetscht). Der Strauch Phor-
mium tenax liefert eine Art Flachs (Schilfflachs), aus
welchem Stricke und Flechtwerk verfertigt werden.
Die Colonial-Regierung hat im Jahre 1856 eine Prämie von 2000 L. St. ausgesetzt, um diese spröde
Faserpflanze zur besseren Bearbeitung geschickt zu
machen, was auch seit Kurzem gelungen sein soll.
Bisher war die Ausfuhr dieses neuseeländischen Flach-
ses noch von keiner grossen Bedeutung.

Wilde und ʼschädliche Thiere gibt es in Neu-
Seeland nicht, auch keine Schlangen und Ameisen,

Dagegen viele kleine Singvögel und kleine Papageien (Kakariki) mit purpurrother Krone und azurblauen Flügeln, das übrige grün.

Fasanen und Rebhühner wurden von den britischen Colonisten hierher gebracht, die nun auch Rehe, Hirsche, Hasen und Füchse einzuführen beabsichtigen. Schafe, Rindvieh, Pferde und Ziegen sind bereits in Menge vorhanden. Schweine führte schon Cook ein. (Diese sind besonders bei den Eingebornen zahlreich).

Alle europäischen Getreide-, Obst- und Gemüsearten gedeihen in Neu-Seeland vortrefflich, letztere besonders gut. Auf der Nordinsel und in den wärmeren Theilen der Südinsel findet man auch Trauben, Pfirsiche, Melonen, Tabak, und seit Kurzem ist auch der Anbau von H o p f e n mit Erfolg versucht worden, wie in Tasmania.

Das Clima von Neu-Seeland ist im Ganzen sehr gesund, der Winter milder wie selbst in den südlichsten Theilen Englands, und der Sommer, durch die Lage inmitten des Oceans, nur mässig heiss und durch Regengüsse erfrischt. Die Regenmenge ist zwar grösser wie in England, doch gibt es auch wieder viele trockene und heitere Tage. Nebel und Gewitter sind selten. Heisse Winde und Dürre kennt man nicht. Der häufig vorkommende Wechsel der Witterung wirkt nicht so nachtheilig wie in England, wegen der grösseren Reinheit der Atmosphäre; daher auch weniger Krankheiten (namentlich weniger Auszehrung) vorkommen. Kranke, die aus Ostindien kommen, genesen hier schnell. Ein englischer Militärarzt, der längere Zeit in Neu-Seeland gelebt, bemerkt ausdrücklich, dass er unter den englischen Truppen daselbst weit weniger Krankheiten als in England gefunden.

Die europäischen Einwanderer können, ohne Ermüdung, den ganzen Tag im Freien arbeiten.

Nach dem Handbook of New-Zealand 1859 ist die mittlere Temperatur:

	im Frühling	im Sommer	im Herbst	im Winter	durchschnittlich
in London . . .	49	62	52	40	51
in Neu-Seeland	53	65	57	50	56
in Nizza	56	73	62	48	60
in Neapel . . .	59	71	65	49	61

Am wärmsten ist die Nordinsel von Neu-Seeland (wozu auch die vielen warmen Quellen und Reste von Vulkanen beitragen). Auckland (Nordinsel) ist um 4° wärmer; Otago (Südinsel) um 5° kälter.

Die Meerenge, welche die beiden grossen Inseln von einander trennt, wird nach dem Entdecker: Cook's Strait oder auch Queen Charlotte's Sound genannt; sie ist ungefähr 150 Meilen lang und 30 bis 90 Meilen breit und sehr tief.

Die zweite Meerenge zwischen der Südinsel und der kleinen Stewartinsel (Foveaux Strait) ist schmäler (ungefähr 15 Meilen breit).

Queen Charlotte's Sound gleicht einem ungeheuren Schiffsbassin (Dock) im Ocean, von allen Seiten durch hohe Berge geschützt und gross genug, um die ganze britische Marine aufzunehmen. Cook fand diesen Sund, bei seinem mehrmaligen Aufenthalt in diesen Gewässern, sehr angenehm und erfrischend für seine Mannschaft. Point Jackson ist das westliche Hochgebirg dieses Sundes Table Island bildet die engste Stelle desselben (ca. 30 Meilen).

Die Fiordenbildung von Neu-Seeland gleicht sehr derjenigen von Norwegen und Schottland, mit Klippen voll glänzender Seehundkälber.

Besonders ist das nordöstliche Gestade der Nordinsel reich an tief einschneidenden Buchten, auch von jeher am stärksten von den Eingebornen bevölkert. (S. weiter unten.)

Die 6 Provinzen Neu-Seelands.

Eine jede der beiden Inseln (die Nordinsel sowohl als die Südinsel) ist in 3 Provinzen eingetheilt.

Die Namen der Nordinsel-Provinzen sind: Auckland, Wellington und New-Plymouth.

Die Stadt Auckland mit ungefähr 10,000 Einwohnern, von der die Provinz ihren Namen hat, liegt unter dem $36^0 51^1$ südlicher Breite und $174^0 35^1$ östlicher Länge, auf einer 6 englischen Meilen breiten Erdzunge; sie wurde im Jahre 1840 von dem ersten Gouverneur von Neu-Seeland (Capt. Hobson) gegründet, und ist der Sitz der Regierung von Neu-Seeland und des ständigen Hauptquartiers der englischen Truppen, mit Kaserne (barracks), Militärhospital etc. Im Jahre 1856 bestand das britische Militär in Neu-Seeland aus 2653 Köpfen (mit Familien.)

Freundliche Landhäuser und Gärten, im englischen Geschmack, zieren die umliegenden Anhöhen.

Der Hafen (Waitemaitie) ist einer der besten in Neu-Seeland, gegen alle Winde geschützt und tief genug, um grosse Seeschiffe von 2 bis 3000 Tonnen aufzunehmen.

Vor der Bucht von Auckland liegt, wie ein ungeheurer Hafendamm, die Insel Great Barrier, und etwas nördlicher die sogenannte Inselbucht (Bay of Islands) mit sicherem Hafen, der von den Wallfischfahrern häufig besucht wird. Auf der Westseite der erwähnten Erdzunge ist der Meerbusen Manakau, mit dem Dorfe oder Uferplatz Onehunga. Eine gute Landstrasse führt von Auckland dahin, durch ein hübsches Land, mit Meiereien und Gärten.

In der Nähe der Stadt Auckland ergiesst sich der Fluss Waikato (der grösste in Neu-Seeland), mit seinem Nebenflusse Waipa, die beide eine gesegnete Ebene durchströmen, in das Meer, und 15 Meilen westlicher ist der grosse Hafen Kaipara, in den sich 4 kleinere Flüsse ergiessen. Schiffbau wird zu Port Abercrombie (50 Meilen östlich von Auckland) betrieben. Die Stadt Auckland besass Ende 1858: 3 Barken, 4 Briggs, 9 Brigantinen oder grössere Schooner, mit zusammen 2809 Tonnen. Mehrere dieser Schiffe fahren bis nach China und Californien.

In der Provinz Auckland leben noch die meisten Eingeborenen (an 33,000), die im ausschliesslichen Besitze der Fichten- (Kauri) Wälder sind, womit die 200 Meilen lange und 20 Meilen breite Halbinsel von

Auckland (bis zum felsigen Nordcap sich erstreckend), bedeckt ist. Hier landeten auch die ersten englischen Missionäre im Jahre 1814.

In der Provinz Wellington trifft man ebenfalls noch viele Eingeborene (an 14,000) und in der Provinz Plymouth (an 4000). Dagegen auf der ganzen Südinsel kaum 5000, darunter die meisten in der Provinz Nelson.

Ueber die Provinz Auckland enthält die Bremer Auswanderungszeitung vom August 1859 interessante Mittheilungen von einem in der Stadt Auckland ansässigen Deutschen.

Auch die Times vom 21. September 1859 bringt über Auckland und Neu-Seeland neuere statistische Aufstellungen nach amtlichen Quellen: „Tables published by the authorities of the Colonial Secretary office of Auckland, according to the Census of 24. December 1858."

Nach denselben betrug die weisse Bevölkerung in Neu-Seeland im Jahre 1851: 26,707, im Jahre 1855: 48,193,*) im Jahre 1858: 59,254 Seelen. In der

---

*) Zahl der Colonisten in Neu-Seeland im Jahre 1855:

	männlich:	weiblich:	zusam.:
Auckland	8531	6804	15335
New-Plymouth . . .	1344	1144	2488
Wellington	5781	4471	10252
Nelson	4048	3461	7509
Canterbury	3552	2608	6160
Otago	2100	1696	3796
Militär (mit Familien)	2062	591	2653
	27418˙	20775	48193

Provinz Auckland wohnten im Jahre 1856: 18,177 Colonisten.

Für den Zweck des Ackerbaues waren in Neu-Seeland umzäunt (fenced), — im Jahre 1851: 30470 englische Morgen (acres), 1858: 235,408 englische Morgen (in der Provinz Auckland 83,819).

Bereits angebaut (under cultivation) waren: im Jahre 1851: 30,470 acres. 1858: 140,946 acres (in der Provinz Auckland 63,069 acres.)

Darunter	Weizen.	Gerste.	Hafer.	Künstl. Wies. (Sown grass.)	Verschiedenes.
1851: acres	5584.	1329.	2324.	15,589.	2126.
1858: „	13,698.	3016.	12,496.	98,038.	8138.

Der Viehstand von Neu-Seeland betrug

	Schafe.	Rindvieh.	Schweine.	Ziegen.	Pferde.	Maulth. u. Esel.
i. J. 1851:	233043.	34787.	16214.	10221.	2890.	60.
„ „ 1857:	1523316.	137188.	40692.	11767.	14912.	122.

Davon kamen auf die Provinz Auckland:

	Schafe.	Rindvieh.	Schweine.	Ziegen.	Pferde.	Maulth. u. Esel.
„ „ 1851:	11095.	10945.	5679.	2664.	1031.	11.
„ „ 1857:	36749.	24555.	11612.	4142.	2894.	43.

Handel:

Die Stadt Auckland bildet den Centralpunkt des neuseeländischen Handels, der im steten Aufblühen begriffen ist.

Die Gesammteinfuhr von Auckland im Jahr 1857 betrug L. St. 283,774. Die Gesammtausfuhr von Auckland im Jahre 1857 L. 101,773.

Unter der Einfuhr waren besonders viele englische Manufakturwaaren (für L. St. 80,282), und

Ackerbauwerkzeuge, Maschinen etc. Unter der Ausfuhr viel Bau- und Nutzholz, Wolle, Talg, Getreide und Mehl etc. In Auckland sind mehrere Dampfmahlmühlen und Dampfsägmühlen in Thätigkeit. An Mehl wurden im Jahre 1857 ausgeführt für L. St. 17,884, im Jahre 1855 sogar für L. St. 61,194, meist nach Melbourne (wegen des damaligen Goldfiebers in Victoria, wo Jedermann nur Gold graben wollte, und der Ackerbau daselbst vernachlässigt wurde.)

Schifffahrt.

Im Jahre 1858 liefen in Auckland ein: 65 Schiffe von 19,166 Tonnen. Darunter waren 37 Schiffe von Sydney, 8 Schiffe von Melbourne, 3 Schiffe von Hobarttown, 14 Schiffe von London.

Im gleichen Jahre gingen von Auckland ab: 55 Schiffe von 14,404 Tonnen. Darunter waren 38 Schiffe nach Sydney, 7 Schiffe nach Melbourne, 3 Schiffe nach London, 7 Schiffe nach den östlichen Meeren.

Küstenfahrer liefen ein: 854 Schiffe von 20,725 Tonnen; Küstenfahrer liefen aus: 860 Schiffe von 22,214 Tonnen, ohne die zahlreichen Seekähne der Eingeborenen, die ihre Produkte zu Markte bringen.

In südlicher Richtung, 120 Meilen von Auckland, liegt die kleine Provinz: New-Plymouth oder Taranaki, mit 2513 Einwohnern (im Jahre 1856 1514 Einwohnern).

Der noch unbedeutende Ort derselben, am Fusse des Berges Egmont, ist ohne Hafen, daher die Schiffe auf der Rhede vor Anker gehen müssen, was der Entwickelung dieser Provinz immer entgegen sein wird.

Von grösserem Umfange und ungleich grösserer Wichtigkeit ist die südöstliche dritte Provinz: Wellington mit 11728 Einwohnern (1856). Die Stadt gleiches Namens, an der südlichen Spitze der Insel mit etwa 6000 Einwohnern, wurde von der New-Zealand Company im Jahre 1840 gegründet, und zählte (nach Dieffenbach) schon im Jahre 1842 an 5000 Einwohner, darunter an 1500 Eingeborne.

Der Hafen derselben (Port Nicholson) bildet eine grosse, gegen Stürme geschützte Bucht mit sicherer Einfahrt. Im gleichen Jahre (1842) liefen hier 110 britische Schiffe ein, mit den Bedürfnissen der Colonisten befrachtet.

Ein anderer aufblühender Ort dieser Provinz, an der Ostküste, ist Ahuriri oder Hauriri mit ungefähr 1000 Einwohnern, und dem zunehmenden Hafenorte Napier mit Militärstation, an einer weiten Bucht (Hawke's Bay). Die Gegend gehört zu den fruchtbarern. Von Napier gelangt man in einem Tage nach Wellington (zur See) per Dampfer.

Es ist die Rede davon Hawke's Bay zu einer vierten Provinz der Nordinsel zu erheben, doch liegt darüber noch nichts Bestimmtes vor.

Auf der Südinsel sind folgende 3 Provinzen: Nelson im Norden, Otago im Süden und Canterbury in der Mitte.

In der Provinz Nelson (im Jahre 1856 5272 Einwohner) liegt die kleine Hafenstadt gleiches Namens, im Hintergrunde einer Bucht (Blind Bay), von der obenerwähnten New Zealand Company im Jahre 1841 gegründet. Diese Provinz besitzt Gold, Kupfer und Steinkohlen, die aber zur Zeit noch wenig ausgebeutet werden.

. Otago (mit 3796 Einwohnern im Jahre 1855) erhielt seine erste Ansiedlung im Jahre 1848 von Schotten, die sich zur freien Kirche (Free kirk of Scotland) bekennen. Die hiesige Bevölkerung schreitet nur langsam vor. Die Zahl der Eingebornen beträgt etwa 400. Die Hauptorte der Provinz sind Dunedin (mit 2000 Einwohnern), New River und the Bluff Harbours.

Am bedeutendsten scheint die neue Colonie und Provinz Canterbury, im Jahre 1850 von einer englischen Gesellschaft (Canterbury Association) gegründet, werden zu wollen. Der Flächenraum derselben beträgt an 12 Millionen Acres, wovon jedoch über $\frac{2}{3}$ Bergland und etwa $\frac{1}{3}$ (an der Ostküste) culturfähiges Land; letzteres bildet eine grosse 100 Meilen lange und 15 bis 30 Meilen breite Ebene, die sich theils zum Ackerbau, theils (und mehr noch) zur Viehzucht eignet.

Alle Sorten Obst und Küchengewächse (wovon in Canterbury eine jährliche Ausstellung stattfindet) gedeihen hier. Künstliche Wiesen (auf englische Weise angelegt) liefern bei der vorherrschenden Feuchtigkeit ein herrliches Gras.

Schafe (die das ganze Jahr im Freien bleiben) kommen hier leichter und billiger fort wie auf dem Festlande von Australien.

Gefährliche Thiere und wilde Hunde gibt es,
wie oben erwähnt, nicht, daher die Heerden oft nur
von Knaben bewacht werden. Auch Krankheiten
unter den Schafen sind selten. Ueberall sind klare
fliessende Gewässer zum Waschen der Wolle, so
dass voraussichtlich die Schafzucht und Ausfuhr von
Wolle in Canterbury künftig von Bedeutung sein
wird. Schon im Jahre 1856/57 führte Canterbury
2668 Ballen Wolle nach England aus (den Ballen
durchschnittlich zu 200 Pfd. gerechnet = 533,600 Pfd.*),
und Gerste, Kartoffeln, Käse etc. nach dem Festlande von Australien. Die Kartoffeln von Neu-Seeland sind wegen ihres Wohlgeschmacks berühmt.

Die Einwohnerzahl von Canterbury bestand am
31. März 1857 aus 5018 Engländern, 578 Schotten,
871 Irländern, 82 Deutschen, 86 Franzosen und
95 von anderen Nationen; zusammen 6230, ohne
etwa 500 Eingebornen. (Diese Zahl scheint zu gering
gegriffen, da nach anderen Angaben die Bevölkerung
von Canterbury am Schlusse des Jahres 1856 8961
Seelen betrug).

Die Halbinsel Banks Peninsula enthält die wer-
denden Hafenstädtchen Lyttelton (43° 5¹) mit etwa 1000 Einwohnern, an der Bucht Victoria, ungefähr 200 englische Meilen zur See von Wellington
entfernt. Dieses Städtchen ist durch einen Berg von

---

*) Das Vliess Wolle soll im Durchschnitt in Neu-Seeland
1 Pfd. mehr wiegen wie in New-South-Wales, nämlich 3½ Pfd.
(Merino fleece) statt 2½ Pfd.

dem jenseits liegenden Städtchen Christchurch, das ungefähr die gleiche Seelenzahl besitzt, getrennt. Letzteres liegt in einer angenehmen Gegend und enthält viele Obstgärten. Eine über den Berg führende neue Landstrasse (die im August 1857 eröffnet wurde) verbindet die beiden Städtchen.

Von Christchurch übersieht man die ganze 30 bis 40 Meilen entfernte Alpenkette mit ihren glänzenden Schneegipfeln. Die meisten Berge sind mit Wald bedeckt und haben einen vulkanischen Charakter.

Im Juli und August wehen hier starke Stürme aus Südwesten, mit Regengüssen untermischt. Gewitterstürme (mit Donner und Blitz) kommen aber, wie bereits bemerkt, nur selten vor.

Handel von Neu-Seeland im Jahre 1856.

Die Einfuhr betrug 710,868 L. St., die Ausfuhr 318,433 L. St.; zusammen 1,029,301 L. St.

(Im Jahre 1857 war die Einfuhr auf 992,995 L. St., die Ausfuhr auf 369,395 L. St. gestiegen.)

Von der Einfuhr im Jahre 1856 kamen für 309,602 L. St. aus England und für 390,336 L. St. aus Australien und anderen britischen Colonien.

Auf die einzelnen Häfen vertheilt, stellt sich die Ein- und Ausfuhr im Jahre 1856 wie folgt:

	Einfuhr:	Ausfuhr:
Auckland . . .	259,294 L. St.	100,380 L. St.
New-Plymouth	27,215 „	3,869 „
Wellington . .	165,693 „	76,412 „

	Einfuhr:	Ausfuhr:
Nelson	81,072 L. St.	29,776 L. St.
Lyttelton . . .	88,018 „	47,832 „
Otago	50,529 „	25,137 „

Schifffahrt.

Angekommene Schiffe: 326 von 85,748 Tonnen, abgegangene Schiffe: 323 von 82.991 Tonnen.

Die Einkünfte von Neu-Seeland betrugen im Jahre 1856 188,328 L.St., im Jahre 1857 248,257 L.St.

Entfernung von Neu-Seeland nach folgenden Orten:

nach Neuseeländischen Küstenstädten:

				engl. M.		pr. Dampfer.	
von Auckland nach	Wellington	320	in	2 Tagen
„ Wellington „	Nelson	140	„	1	„
„ „ „	Canterbury	180	„	1	„
„ „ „	Otago	380	„	2	„

nach Australischen Häfen:

von Auckland nach	Sydney	1200 *)	in	5 Tagen
„ „ „	Melbourne	1420	„	6	„
„ „ „	Adelaide	1780	„	7	„
„ „ „	Hobartton	1250	„	5	„

*) Die österreichische Fregatte Novara brauchte 16 Tage zur Ueberfahrt. Dr. Scherzer gibt die Entfernung zu 1300 Seemeilen an, deren 60 auf 1 Grad gehen. (S. Petermann's geographische Mittheilungen 1859. October-Heft S. 409).

weitere Entfernungen:

von Wellington	nach	Cap Horn	4850	in	16	Tagen	
„	„	„ Cap d. g. H.	7150	„	28	„	
„	„	„ Panama	6650	„	22	„	
„	„	„ Hongkong	5200	„	19	„	
„	„	„ d. Insel Java (Batavia)	4750	„	17	„	
„	„	„ d. Sandwich-Inseln	4010	„	14	„	
„	„	„ England	14100 (?)	„	60	„	

Ueber die Colonisation von Neu-Seeland.

Im Jahre 1842 gab der vor Kurzem seiner irdischen Laufbahn entrückte grosse Geograph, Carl Ritter, (gestorben in Berlin am 21. September 1859 im achtzigsten Lebensjahre) ein höchst interessantes Schriftchen in den Druck, unter dem Titel: „Die Colonisation von Neu-Seeland. Ein Vortrag im wissenschaftlichen Verein zu Berlin am 22. Januar 1842 von Carl Ritter. Berlin. Wilh. Besser 1842 (52 S.)" Nach demselben hatten seit dem Jahre 1825 3 verschiedene britische Gesellschaften Neu-Seeland als neues Emigrationsfeld für Grossbritanniens Uebervölkerungsnoth betrachtet und dafür zu wirken versucht. Diese Unternehmungen schlugen aber fehl, bis es der letzteren (New Zealand Company) gelang, im grossartigen Masstabe das zu erreichen, was im Kleinen unmöglich schien.

Ohne Beistand der Krone bildete sich diese Gesellschaft in London im Jahre 1840 aus praktischen, einflussreichen und vermögenden Männern, worunter Lord Durham, die Banquiers Baring, Goldsmid und mehrere Parlamentsglieder und angesehene Kaufleute der City, die, mit einem Grundcapital von 1 Million Pfund Sterling, von den Eingebornen in Neu-Seeland Land kauften und Ansiedlungen zu Wellington, New-Plymouth und Nelson machten.

Im Jahre 1841 hatte diese Gesellschaft schon 20 Millionen Acres oder fast ⅓ der ganzen Nord-insel angekauft (Ritter S. 5) und bis zum Jahre 1842 schon an 7000 Ansiedler (auf 24 Schiffen), darunter viele wohlhabende, kostenfrei hinübergebracht.

Bei dem Länderkauf in Neu-Seeland hat sich die mehrerwähnte Gesellschaft das Prinzip festgestellt, stets ¹⁄₁₀ des erhandelten Grundbesitzes für die ein-gebornen Häuptlinge zu reserviren, das denselben später als eigenes Besitzthum übergeben, vorerst aber noch vormundschaftlich für sie verwaltet wer-den soll, um es vor Verschleuderung zu bewahren.

Die Eingebornen sind übrigens nicht gezwungen ihr Land zu verkaufen, sondern es ist dies ganz ihrem eigenen freien Willen anheim gestellt.

Europäische Einwanderer in Auckland, die ein kleines Capital mitbringen, erhalten von der Regie-rung 40 Acres Land als Geschenk (Free grant).

Wenn die Einwanderung in Neu-Seeland und der Anbau und Viehstand in demselben Verhältniss wie bisher zunehmen, so wird die Bevölkerung im Jahre 1863 150,000 Seelen, die Zahl der Schafe 4,000,000,

die des Rindviehs 500,000 Stück und der angebauten Aecker (Acres) über 1 Million betragen.

Die förmliche Besitznahme von Neu-Seeland von
Seiten der britischen Krone geschah im Mai 1840.
Der Sitz des Gouverneurs und die Haupt-Militär-
station ist zu Auckland.

Mit einigen Hauptstämmen der Eingebornen (wel-
chen noch fast die Hälfte der Nordinsel als Eigenthum angehört) fanden noch im Jahre 1845 mehrere
Treffen statt. Diese Kämpfe fielen jedoch alle zum
Nachtheile der Maori aus, obgleich dieselben nun
auch Feuergewehre und Pulver und Blei (durch Land-
verkauf oder Productentausch) besitzen, und hinter
ihren verschanzten Dörfern (Pa's) sich heldenmüthig
vertheidigten.

Seitdem haben sie sich den überlegeneren Engländern vollständig unterworfen, und mit denselben Verträge geschlossen, die sie auf das gewissen-
hafteste halten.

Die kriegerischen Maori liefern einen neuen Beweis, dass die Indianer aller Länder, den Britten
gegenüber, ohnmächtig sind und ihnen erliegen
müssen, wie einst die nicht mehr lebensfähigen Na-
tionalitäten im römischen Reich den kräftigen Germa-
nen unterthan wurden.

Neu-Seelands gegenwärtige Verfassung.

Im Jahre 1853 trat die neue Verfassung für Neu-
Seeland in's Leben, nach welcher die dortige Regie-

rung aus einem von der britischen Krone ernannten
Gouverneur (mit 3500 L. St. jährlichen Gehalt) und
dem Parlament (General assembly) besteht, mit Sitz
zu Auckland. Das Parlament bildet 2 Häuser: the
house of representatives mit 40 Mitgliedern, die vom
Volke gewählt werden, und the legislative Council
mit 15 Mitgliedern, die der Gouverneur auf Lebens-
zeit wählt. Der Präsident (Speaker) des Hauses der
Volksabgeordneten erhält 400 L. St. jährlichen Gehalt.

Das Ministerium besteht aus einem Finanzminister
(Colonial Treasurer), einem Minister des Innern (Colonial Secretary) und einem Staatsanwalt (Attorney
General), wovon ein jeder 800 L. St. jährlichen Gehalt bezieht. Diese Minister sind zugleich Mitglie-
der eines der obengenannten Häuser (Legislative
Council oder House of representatives) und treten
ab, sobald sie die Majorität nicht mehr haben.

Ausser der General assembly hat jede Provinz
ihre eigene Lokalbehörde für Strassen, öffentliche
Gebäude, Einwanderung, Landankauf etc. Diese
Lokalregierung besteht aus 1 Superintendent und
1 provincial council (vom Volke ernannt). Der Gehalt eines Superintendenten wechselt nach den verschiedenen Provinzen von 300 bis 600 L. St. per Jahr.
Wähler ist jeder, der 50 L. St. freies Eigenthum
besitzt oder ein Haus bewohnt, das jährlich 10 L. St.
Rente bezahlt.

Der Gouverneur von Neu-Seeland steht jedoch
seinerseits (gleich den übrigen Colonien Australiens)

unter dem Generalgouverneur von Sydney. (S. vorher S. 15.)

Die Eingeborenen von Neu-Seeland.

Von allen Völkern der Südsee gehören die Neuseeländer zu den kühnsten und intelligentesten: sie sind aber, wie es scheint, bedeutend im Abnehmen, die Zahl der europäischen Einwanderer dagegen im Zunehmen.

Dieffenbach gibt die Zahl der ersteren im Jahre 1841 noch zu 140,000*) an, darunter folgende Hauptstämme:

der Nga-te Kakuhanu auf etwa 36,000 Köpfe,
„ Waikato-Stamm „ „ 24,000 „
„ Nga-pui- „ „ „ 12,000 „
„ Nga-te Wakaua „ „ 10,000 „ etc.

Am kriegerischsten sind (oder waren) die Roturua, vom Stamme der Nga-te Wakaua.

Im Jahre 1859 zählte man nur noch 56,000 Eingeborene, während die Zahl der Colonisten schon auf 60,000 Köpfe gestiegen war. (Am Schlusse des Jahres 1858 waren es 59,254.) Die noch in der jüngsten Zeit vorgekommenen, beständigen Kriege unter sich und der Mangel an gehöriger Pflege in gesunden und kranken Tagen, mögen wohl die Hauptursache der Abnahme der ersteren sein.

---

*) Diese Zahl ist jedoch sehr unsicher, denn damals fand noch keine Volkszählung statt.

Das Volk der Maori (so nennen sich die Eingeborenen) ist von einer gelbbraunen kräftigen Malayen-
raçe, sehr anstellig, gewandt und gelehrig und völlig
verschieden von den Eingeborenen des Festlandes
von Australien. Die Märkte der Colonisten versehen
die Maori mit Schweinen, Mais, Kartoffeln (süssen
Pataten) und anderen Produkten. Ihr eigenes Land
bebauen sie mit Fleiss und Sorgfalt.

Viele verdingen sich - bei den Colonisten als
Holzfäller und Holzsäger, wozu sie viel Kraft und
Geschicklichkeit haben;*) auch als Matrosen bei den
Wallfischfahrern, als Arbeiter in den Thransiedereien
und als Lootsen. In letzterer Eigenschaft trifft man
sie nicht nur in Neu-Seeland, sondern auch in Syd-
ney und Tasmania, wo sie jede Klippe und jedes
Fahrwasser kennen.

Auch zum Häuserbauen sind sie geschickt, und
zeichnen Grundrisse von Wohngebäuden und Kirchen;
sie lernen überhaupt schnell, fassen leicht auf, und
haben ein herrliches Gedächtniss. Manche wissen
den englischen Catechismus und ganze Capitel des
Evangeliums auswendig. Als Zeugen vor Gericht
sind sie zuverlässig und werden ohne Anstand zugelassen. Sie vermischen sich schon häufig und gern

---

*) Bei'm Baumfällen in Bergschluchten und an steilen Ab-
hängen verrichten sie die Arbeit leichter und rascher als die
Colonisten, wozu ihr kräftiger, muskulöser Körper und dadurch,
dass sie bei solcher Arbeit fast ganz unbekleidet sind, sie besonders befähigt.

mit Europäern und die Früchte solcher ehelichen Verbindungen tragen schon mehr das Gepräge der anglo-sächs. Raçe. Die Kinder sind offen, munter und zutraulich. Das Alter ist unter ihnen geachtet und mit Aufmerksamkeit wird der Rath der Aelteren angehört. Für ihre Kinder und Weiber zeigen die Maori Anhänglichkeit, und seit sie in den Kreis europäischer Civilisation gezogen sind, werden die Weiber auch nicht mehr mit so schweren Arbeiten belastet, wie früher; sie sind reinlich und wenn sie Seife bekommen können, waschen sie sich beständig. An ihrem Körper tatuiren (punktiren) sie sich, die Weiber auch die Lippen, was sich jedoch schlecht ausnimmt. Männer und Weiber tragen Ohrgehänge und Federn. Die Frauen auch Hals- und Armbänder. Die Männer binden das straffe, schwarze Haar auf dem Wirbel zusammen. Bei den Mädchen fällt es auf die Schultern herab.

Die Maori haben grosse, schwarze Augen, schöne Zähne, mitunter Habichtsnasen und einen wohlgebildeten Kopf, der sich dem des Europäers nähert. Die Frauen sind nicht so schön wie die Männer; sie verfertigen Matten, Körbe und allerlei Schnitzwerk (früher mit Werkzeugen von scharf geschliffenen Steinen oder Knochen, jetzt mit englischen Messern und Scheeren).

Die Maori lieben Tanz, Gesang und Spiel; sie besitzen eine Flöte mit 4 Löchern, worauf sie eine klagende Melodie blasen.

Ihre Schiffe (Canoen) sind oft an 80 bis 100 Fuss

lang und an beiden Enden mit Schnitzwerk verziert.
Ihre Spiesse und Keulen haben sie jetzt meist durch
Flinten ersetzt, seitdem sie eingesehen, wie viel
wichtiger solche sind. Früher bereiteten die Maori
die Köpfe ihrer Feinde auf eine eigene Art zu, und
suchten sie so lange als möglich zu erhalten. Dergleichen Köpfe sind jedoch selten und waren schon
zu Dieffenbach's Zeit (1841) schwer zu erhalten.

Auch das Schwimmen ist bei ihnen beliebt (bei
Männern, Frauen und Kindern); sie plätschern aber
wie die Hunde mit den Händen abwechselnd, nicht
wie die Europäer das Wasser mit den Armen trennend.

Ihr Temperament ist reizbar, zuweilen rachsüch-
tig; sie glauben an gute und böse Geister.

Ihre Hauptnahrung besteht in Kartoffeln, die sie
ohne Salz geniessen, daher auch unter den Kindern
hin und wieder Dickbäuche vorkommen. Die süssen
Kartoffeln (pataten) werden entweder gekocht oder
getrocknet zu Pulver gestossen und in Kuchenform
gebacken. Auch getrocknete Fische essen sie gern,
theils gebacken, theils gekocht. (Rohe Fische essen
sie nie.) Wasser ist ihr Hauptgetränk.

Ihre Dörfer (Pa, Hippa) waren früher mit einer
doppelten Reihe von Pallisaden und Gräben umgeben,
jetzt nur selten mehr. Das Dorf Otaki, in der Provinz Wellington, wo sich der Sohn des berühmten
Te Rauperaha ein hübsches Haus gebaut hat, nähert
sich schon sehr den englischen, mit Thüren und Fen-
stern. Auch ihre Schilfhütten verschwinden immer
mehr.

Ueber die physische Grösse und Stärke der Neu-Seeländer und Vergleichung derselben mit den Engländern enthält das „Journal of the Statistical Soc. of London. March 1854" eine interessante Mittheilung (Contribution to the natural history of the New Zealand race of men) von dem Militärarzt A. S. Thompson, der lange Zeit in Neu-Seeland gelebt.

Nach demselben hatten 129 junge Männer (Eingeborne), die sich zum Zwecke der Impfung im Militärhospital zu Auckland im April 1849 einstellten, eine Durchschnittsgrösse von 5 Fuss 6¾ Zoll englisch, nämlich:

37 von 5 Fuss 6 Zoll bis 5 Fuss 7 Zoll
20 „ 5 „ 5 „ „ 5 „ 6 „
20 „ 5 „ 7 „ „ 5 „ 8 „
18 „ 5 „ 8 „ „ 5 „ 9 „
17 „ 5 „ 9 „ „ 5 „ 10 „
13 „ 5 „ 10 „. „ 5 „ 11 „
3 „ 5 „ 11 „ „ 6 „ — „
1 „ 6 „ 5½ „ „ — „ — „

Dagegen hatten in Edinburg 800 Studenten der dortigen Universität (Schotten, Engländer und Irländer) eine Durchschnittsgrösse von 5 Fuss 8⁷⁄₁₀ und 80 Studenten der Universität Cambridge, zwischen 18 bis 20 Jahren, eine Grösse von 5 Fuss 9³⁄₅ Zoll (wovon etwa 1 Zoll für die Schuhe abzuziehen wäre.)

In Belgien betrug, nach Quetelet, die Durchschnittsgrösse von 900 jungen Männern nur 5 Fuss 4¾ Zoll. Aus dieser vergleichenden Zusammenstellung geht hervor, dass die Neu-Seeländer nicht ganz so gross wie die Engländer und Schotten, aber grösser wie die Belgier sind, und bei besserer Nahrung und Pflege und zweckmässigerer Anwendung und Vertheilung ihrer körperlichen Kräfte ohne Zweifel bald dieselbe Grösse wie die Engländer erreichen werden.

Auch im körperlichen Gewicht sind die Engländer und Schotten durchschnittlich etwas stärker wie die Neu-Seeländer. 1778 in Neu-Seeland befindliche britische Soldaten, deren mittleres Alter 27 Jahren betrug, wogen durchschnittlich 142 Pfd.; die Neu-Seeländer von gleichem Alter dagegen nur 140 Pfd.

In der Kraft, Gewichte aufzuheben, standen die Neu-Seeländer den Britten ebenfalls nach, wie überhaupt die Engländer an körperlicher Kraft alle anderen Völker übertreffen.

Das grösste Gewicht, welches die Neu-Seeländer aufzuheben vermochten, war 420 Pfd., während von den britischen Soldaten:

2 Mann, jeder 504 Pfd.,
8 „ „ 460 bis 480 Pfd. und
14 „ „ 400 „ 460 „

zu heben im Stande waren.

Das Wirken der englischen Missionäre in Neu-Seeland.

Im Jahre 1814 wurden von England und Sydney aus die ersten Missionäre zur Ausbreitung des Christenthums nach Neu-Seeland geschickt; aber als diese nach Neu-Seeland wollten, waren wenige Schiffer geneigt sie hinzubringen, weil die Eingebornen Menschenfresser waren, und in beständiger Feindschaft miteinander und mit den Neuankommenden lebten.

Die unerschrockenen Glaubensboten fassten jedoch allmählich festen Fuss. Nach Dieffenbach zählte man bereits im Jahre 1840 44 Missionen in Neu-Seeland (darunter 34 evangelische und 10 katholische), und jetzt ist fast die ganze Bevölkerung für christliche Gesittung gewonnen, und Neu-Seeland tritt somit in die Reihe der christlichen Staaten ein.

Im Herbste 1841 wurde in London der erste Bischof für Neu-Seeland eingeweiht, der in Auckland residirt. (Carl Ritter war bei dieser Einweihung in London zugegen.)

Das evangelische Missionswesen gehört unter die grossen Fragen des Tages, ist von tiefer, welthistorischer Bedeutung und Sache der edelsten Humanität, wenn gleich hin und wieder Missgriffe und selbstische Zwecke dabei vorkommen mögen.

So viel steht fest, dass die Einführung des Christenthums nicht verfehlt seinen beruhigenden friedlichen Einfluss auf die wilden Völker zu äussern. (Gediegenes hierüber enthält das treffliche Werk von Dr. F. W. Klumpp. „Das evangelische Missionswesen. Ein Ueberblick über seine Wirksamkeit und seine weltgeschichtliche und nationale Bedeutung. Stuttgart bei Cotta 1844")

Nirgends wird die Mission ernster und kräftiger, d. h. mit grösseren Mitteln und innigerer Ueberzeugung, betrieben, als in England, sowohl von Seiten der Hochkirche (Church Missionary Soc.), als namentlich auch von Seiten der Methodisten (Wesleyans). Beide haben zu Auckland ein Seminar (College) zur Heranbildung einheimischer Lehrer, nebst mehreren Freischulen und Sonntagsschulen. Katholiken findet man zu Auckland und Wellington, und die schottische freie Kirche (Free kirk) zu Otago.

Die Missionäre der Methodisten dürfen, nach ihren Gesetzen, kein eigenes Land haben, während solches den englisch-bischöflichen Missionären erlaubt ist, die nicht blos Land ankaufen und nette Häuser und Gärten besitzen, sondern sich auch zuweilen den Handelsgeschäften widmen (was nicht sein sollte, da sie darüber leicht ihre geistigen Zwecke aus den Augen verlieren).

Wo Missionsstationen in Neu-Seeland bestehen, gehen die (sich zum Christenthum bekennenden) Eingebornen nicht mehr nackt, sondern grösstentheils, wenn auch noch nicht vollständig, bekleidet in die Kirche.

Auch im Freien finden oft religiöse Versammlungen von 2- bis 300 Menschen statt, wobei die früheren Häuptlinge eine natürliche Beredsamkeit entwickeln.

Ebenso sieht man oft Kinder und Erwachsene vor ihren Hütten mit Lesen und Erklärungen des Katechismus und des Neuen Testaments beschäftigt, ein Beweis, dass die edlere malayische Raçe für höhere Cultur empfänglich ist. Die Bekehrung derselben geschieht blos durch Belehrung und persön-

11

lichen Einfluss der Missionäre; anderer Mittel bedienen sich die Missionäre nicht.

Söhne wilder und stolzer Kriegshäuptlinge haben nun ihre Waffen niedergelegt und sind Lehrer und Prediger des Friedens unter ihrem Volke geworden.

Schulen und Bethäuser nehmen mit jedem Jahre zu. Der Katechismus, das neue Testament und Gebetbücher sind in ihrer Sprache gedruckt, und das christliche Element wird durch ihre eigenen (Maori) Missionäre weiter verbreitet.

Auch in industrieller Hinsicht schreiten sie voran; sie besitzen Mühlen, angebaute Felder, viele Küstenfahrzeuge (Canoen) u. s. w., und ein gewisser Wohlstand ist schon deutlich hin und wieder unter ihnen sichtbar. (S. vorher S. 157.)

Die ganze Entwicklungsfähigkeit der Maori (sagt Ritter) lehrt, dass die Bestimmung von Neu-Seeland im tellurischen System der Schöpfung, wie im Entwicklungsgange des Menschengeschlechts offenbar eine andere, eine höhere ist, als wie bisher die eines wüsten Eilandes, einer abseits liegenden Herberge nur wilder Völkerhaufen.

Der einsichtsvolle, gereiftere Blick in den Weltverkehr der Gegenwart, welcher auf neuen, mächtigen Adlerschwingen den ganzen Erdball mit der Schnelligkeit fast des Gedankens umkreist, zeigt nun zugleich, dass diese Doppelinsel in Wirklichkeit eine der köstlichsten Perlen bildet in der nun schon herangereiften Schnur der Handelsstationen um den grossen Länderkreis der Erde.

Uebersicht der Bevölkerung, des angebauten Landes, des Viehstandes, der Schifffahrt und der Ein- und Ausfuhr von Australien und Neu-Seeland im Jahre 1856.

Bevölkerung.

Neu-Süd-Wallis	266,189	Seelen *)
Victoria	406,577	„
Südaustralien .	104,708	„
Westaustralien .	13,391	„
Tasmania....	80,802	„
Neu-Seeland..	56,599	„
	928,266	Seelen.

Ohne die Eingebornen, die sich nur in so weit angeben lassen, als sie in das Gebiet der britischen Ansiedlungen fallen.

Ende 1858 betrug die Zahl der weissen Bevölkerung 59,254 und 56,049 die der Eingebornen. **)

Der Nationalität nach waren in Neu-Süd-Wallis am 1. März 1856 (von der weissen Bevölkerung): 113,114 Australier, 74,298 Engländer, 50,137 Irländer, 16,333 Schotten, 2355 aus britischen Colonien, 791 Nordamerikaner, 1806 Chinesen, 5245 Deutsche, 571 Franzosen, 1539 aus anderen Ländern; zusammen 266,189.

---

*) Queen'sland mit 16,967 Seelen wurde erst im April 1859 von Neu-Süd-Wallis getrennt und zu einer selbstständigen Colonie erhoben. Port Curtis zählte im Jahre 1856 nur 615 Seelen.

**) Von diesen 56,049 Eingebornen kamen allein auf die Provinz Auckland (Nordinsel) 38,269, nämlich 21,679 männliche und 16,590 weibliche.

In Neu-Seeland rechnet man ungefähr $\frac{2}{5}$ Engländer, $\frac{1}{5}$ Schotten, $\frac{1}{5}$ Irländer und $\frac{1}{5}$ andere Nationen. Deutsche mögen wohl an 27,000 in Australien leben, nämlich in Südaustralien 11 bis 12,000, in Victoria 8000 (im Jahre 1857 befanden sich in Victoria 7934 Deutsche, darunter bloss 934 Frauen und Kinder), in Neu-Süd-Wallis 6 bis 7000. In Tasmania und Neu-Seeland sind zur Zeit nur wenige Deutsche, in Westaustralien fast gar keine.

Nach Südaustralien kamen von 1853 bis 1855 2738 Deutsche, im Jahre 1856 840.

Chinesen sind am zahlreichsten in Victoria (S. weiter unten). In Sydney und dem Golddistrikt von Neu-Süd-Wallis wohnten im Jahre 1856 1806 Chinesen.

Dem Geschlechte nach stellte sich im Jahre 1856 die weisse Bevölkerung Australiens wie folgt:

	in Neu-Süd-W.	in Victoria.	in Südaustral.	in Westaustral.	in Tasmania.	in Neuseeland.
männliche:	147,091	260,910	53,086	8,946	45,916	29,435
weibliche:	119,098	145,667	51,622	4,445	34,886	22,720
	266,189	406,577	104,708	13,391	80,802	52,155

(l. J. 1857.)

Demnach ist Südaustralien in Bezug auf die Geschlechterzahl am günstigsten gestellt, Victoria und Westaustralien am ungünstigsten.

Am 30. Juni 1859 betrug die Bevölkerung von Victoria 330,212 männliche und 187,154 weibliche, zusammen 517,366 Seelen. (Returns of the Registrar General's office in Melbourne.)

Das grosse Missverhältniss in Victoria rührt hauptsächlich von den vielen männlichen Arbeitern in den

Golddistrikten her. Die Chinesen allein zählen gegenwärtig dort an 40,000 Köpfe, alle männlichen Geschechts
und unverheirathet, oder wenn sie verheirathet sind,
kommen sie doch ohne ihre Weiber herüber, was nicht
selten zu groben Ausschweifungen unter ihnen führt.
Dieses findet man nicht allein in Australien, sondern
überall wo chinesische Auswanderer in Masse zusammen leben, wie z. B. in Singapore, Java etc.

Nach dem „Report of the Governor of Southau-
stralia, dated Adelaide 15. October 1857, London 1858,
S. 227" kamen zu Anfang des Jahres 1856, nämlich
vom 17. Januar bis 4. Mai, wieder 10,235 Chinesen
von Hongkong nach Victoria, die den Umweg über
Port Robe in Südaustralien machten, um der Kopf-
steuer (poll tax) in Victoria zu entgehen; doch soll
diese Steuer nunmehr auch in Südaustralien eingeführt werden, da man, aus obigen Gründen, einer
allzustarken chinesischen Einwanderung entgegen zu
wirken sucht.

Die Gesammt-Einwanderung in Australien war
bisher noch immer in Victoria am stärksten (im J. 1855/56:
66,571, im J. 1857: 63,230 Personen). Nach Neu-Süd-
Wallis kamen (im Jahre 1856: 16,001 Personen,
darunter 5691 Männer. 5659 Weiber und 4651 Kinder),
nach Südaustralien (im Jahre 1855: 11,471 Personen, im Jahre 1856: 4177), nach Tasmania (im Jahre
1856: 4988). In Neu-Süd-Wallis hat die deutsche
Einwanderung abgenommen.

Angebautes Land.

	Zahl der Acres:		Davon waren mit Wei-zen bestellt:	
In Neu-Süd-Wallis	185,015	. . . . . .	106,124	Acres
„ Victoria . . .	179,982	. . . . . .	80,154	„
„ Südaustralien .	203,422	. . . . . .	162,011	„
„ Westaustralien	18,063	. . . . .	9,712	„
„ Tasmania . .	185,556	. . . . . .	65,731	„
„ Neu-Seeland .	140,946 (im Jahre 1858)		13,698	„
	912,984		437,430	„

Die 65,731 Acres Weizen in Tasmania lieferten
im Jahre 1856: 1,253,892 Bushels oder ca. 18 Bushels
per Acre. Im Durchschnitt kann man den jährlichen Ertrag eines englischen Acre Weizen in Australien zu 16 bis 17 Bushels annehmen (in Südaustralien mehr, in Neu-Süd-Wallis weniger), wonach
sich für sämmtliche Colonien Australiens im Jahre 1856
ein Weizenertrag von ungefähr 7 Millionen Bushels
zu 60 Pfd. oder 153,000 Tonnen Mehl (45 Bushels
auf 1 Tonne gerechnet) ergeben würde.

Südaustralien wird unzweifelhaft die künftige Korn-
kammer von Australien werden und ist es zum Theil
schon jetzt. Im Jahre 1856 kam zwar noch viel Mehl
von Valparaiso (Chili) nach Sydney und Melbourne. (In
Sydney wurden 36,937,040 Pfd. Mehl und 4,664,800 Pfd.
Reis eingeführt; ob aber alles Mehl aus Chili und
nicht auch aus Südaustralien kam, ist nicht bemerkt).
Auch geschah diese chilesische Mehl-Einfuhr mehr in
Folge des Ernteausfalls in Südaustralien im J. 1854/55,
ein Ausfall, der zu den grossen Seltenheiten gehört.

Im Jahre 1859 hatte sich die Zahl der angebau-
ten Acres in Südaustralien bereits auf 230,000 gehoben.
Am meisten tragen dort die deutschen Bauern und
Landwirthe zum Flor des Ackerbaues bei. (Siehe S. 41.)

In Neu-Seeland ist bis jetzt die Nordinsel am
angebautesten; doch schreitet nun auch die Südinsel
kräftig im Ackerbau vor.

Viehstand.

In	Schafe.	Rindvieh.	Schweine.	Pferde.	Ziegen.
Neu-Süd-Wallis	7,736,323	2,023,418	105,998	168,929	
Victoria . . .	4,641,548	666,613	52,227	47,832	
Südaustralien .	1,962,460	272,746	27,594	22,260	1,677
Westaustralien .	177,717	23,207	6,247	5,408	1,258
Tasmania. . .	1,674,987	88,608	30,074	18,019	3,055
Neu-Seeland .	1,523,316	137,188	40,692	14,912	11,767
	17,716,351	3,211,780	262,832	277,360	17,757

Aus Neu-Süd-Wallis gehen jährlich viele Schafe
nach Victoria. Im Jahre 1856 wurden nahe an 1 Million Schafe von Neu-Süd-Wallis ausgeführt, daher auch
von 1847 bis 1856 eine Abnahme von 866,176 Schafen
daselbst stattfand. (S. Report of the Governor of
New-South-Wales, Sir W. Denison, dated Sydney
23. December 1857, S. 199).

Dagegen hat die Zahl der Schafe in Südaustralien zugenommen. (Mitte 1859 soll sie nahe an
2½ Million betragen haben.) Auch in Tasmania
und Neu-Seeland nimmt die Schafzucht bedeutend zu. Im Jahre 1857 waren in Tasmania 1,912,423
Schafe.

In Neu-Seeland besitzt die Südinsel die meisten
Schafe und das meiste Hornvieh, die Nordinsel da-

gegen mehr Schweine; doch treibt auch die Provinz Wellington (auf der Nordinsel) starke Schafzucht.

Die Schafe in Neu-Seeland werden immer mehr durch die Merinozucht veredelt, die überhaupt in Australien grosse Fortschritte macht.

Im Jahre 1855 zählte erst Neu-Seeland:

990,988 Schafe,

91,928 Stück Rindvieh

2,894 Pferde,

25,693 Schweine,

10,074 Ziegen.

(Ueber die Wolleausfuhr sehe man vorher S. 97, wobei zu bemerken, dass nach einer andern Angabe, die Wolle-Ausfuhr aus Victoria im Jahre 1856: 21,968,174 Pfd. betragen haben soll).

Ein- und Ausfuhr.

	Einfuhr.	Ausfuhr.
Neu-Süd-Wallis	5,406,971 L. St.	3,430,880 L. St.
Victoria . . .	14,962,269 *) „	15,489,760 „
Südaustralien .	1,366,529 „	1,665,740 „
Westaustralien .	122,938 „	44,740 „
Tasmania . .	1,442,106 „	1,207,802 „
Neu-Seeland .	710,868 „	318,433 „
zusam. .	24,011,681 L. St.	22,157,355 L. St.

Die Handelsbilanz ist sonach noch immer gegen Australien, trotz der bedeutenden Goldausfuhr, die

*) Im Jahre 1857 hatte sich die Einfuhr in Victoria auf 17,256,209 L. St. gehoben, wie auch schon im Jahre 1854 solche auf 17,659,051 L. St. gestiegen war.

über die Hälfte der Gesammtausfuhr beträgt. Im Jahre 1856 wurden aus Victoria, dem Werthe nach, für 10,987,591 L. St. Gold ausgeführt. In Neu-Süd-Wallis ist die Goldausfuhr im Abnehmen. Im Jahre 1851 wurden von dort an Gold ausgeführt für 468,336 L. St., 1852 für 2,660,946 L. St., 1853 für 1,781,172 L. St., 1854 für 773,209 L. St., 1855, für 209,050 L. St., 1856 für 156.151 L. St., 1858 für 138,000. L. St. Dagegen wird seit 1855 viel Gold in Sydney ausgemünzt.

Der Hauptverkehr der australischen Colonien ist noch mit dem Mutterlande. Von der Einfuhr in Victoria kamen im Jahre 1856 aus Grossbritannien dem Werthe nach für 7,691,995 L. St. (im J. 1857 10,122,201) und nach Neu-Süd-Wallis für 3,475,359 L.St. Von der Ausfuhr gingen nach Grossbritannien im gleichen Jahre für 12,825,294 L. St. aus Victoria und für 1,660,187 L. St. aus Neu-Süd-Wallis.

Schifffahrt.

	Angekommen.		Abgegangen.	
	Schiffe v.	Tonnen.	Schiffe v.	Tonnen.
Neu-Süd-Wallis	1143	321,679	1219	336,113
Victoria	1920	538,609	1959	538,362
Südaustralien .	397	106,741 *)	386	104,210
Westaustralien .	112	26,681	112	26,604
Tasmania . . .	934	157,826	945	156,396
Neu-Seeland .	326	85,748	323	82,991
zusammen .	4832	1,237,284	4944	1,244,676

*) S. Report of the Governor of South Australia S. 238, was sich jedoch nur auf Port Adelaide beziehen kann. Vergl. damit S. 47.

Die bedeutendste Schifffahrt hat Victoria. Von den dort eingelaufenen Schiffen kamen

nach Melbourne . . . 1535 v. 468,949 Tonnen
„ Geelong . . . . 201 „ 37,194 „
„ Port Albert. . . 102 „ 16,575 „
„ den übrigen Häfen 82 „ 15,891 „

zusammen . 1920 v. 538,609 Tonnen.

Im Jahre 1857 hatte sich die Zahl der angekommenen Schiffe in Victoria auf 2190 von 694,164 Tonnen, die der abgegangenen Schiffe in Victoria auf 2207 von 684,526 Tonnen gehoben.

Von den 1143 in Neu-Süd-Wallis im Jahre 1856 eingelaufenen Schiffen kamen

	Schiffe	von Tonnen	
nach Sydney . .	813	261,839	Darunter 336
„ Newcastle .	256	44,469	Schiffe v. 64,518
„ Eden . . .	60	8,867	Tonnen in Ballast.
„ Moreton-Bay	14	6,504	

Der Nationalität nach waren:

854 Sch. v. 176,360 T. aus brit. Colonien (worunter man auch die australischen Häfen versteht),
175 „ „ 96,168 „ englische,
49 „ „ 23,516 „ amerikanische,
16 „ „ 8,920 „ holländische,
14 „ „ 5,668 „ hanseatische,
19 „ „ 5,552 „ französische,
7 „ „ 3,420 „ chilesische etc.

12*

In Tasmania zählte man unter den eingelaufenen Schiffen 7 holländische von 1237 Tonnen, 6 schwedische von 897 Tonnen und 2 deutsche von 825 Tonnen.

Die in Tasmania im Jahre 1856 eingelaufenen 934 Schiffe hatten 11,437 Matrosen an Bord.

Im Jahre 1857 kamen nach Tasmania 1021 Schiffe von 164,008 Tonnen und 1032 Schiffe von 167,058 Tonnen gingen von dort ab. An eigenen Dampfschiffen besass Tasmania im Jahre 1856: 15 von 846 Pferdekraft und 3310 Tonnen Gehalt.

In Südaustralien waren unter den im Jahre 1856 angekommenen Schiffen, dem Tonnengehalte nach, 30,979 aus Grossbritannien, 59,457 aus britischen Besitzungen, 8205 aus fremden Häfen. Unter den abgegangenen waren 7397 nach Grossbritannien, 79,337 nach britischen Besitzungen, 17,176 nach fremden Häfen gefahren.

Bei den in Westaustralien ein- und ausgelaufenen Schiffen waren 41 amerikanische (vermuthlich Wallfischfänger).

Einnahmen und Ausgaben.

	Einnahmen.	Ausgaben.
Neu-Süd-Wallis	1,986,553 L. St.	1,835,134 L. St.
Victoria . . .	3,369,251 „	3,481,128 „
Südaustralien .	718,291 (726,300?)	860,883 (664,300?)
Westaustralien .	51,170 „	46,990 „
Tasmania . .	415,913 „	439,708 „
Neu-Seeland .	188,328 „	(nicht angegeben).

England hat im Jahre 1857 für seine australischen Colonien die Summe von 423,465 L. St. verwendet, nämlich:

für Neu-Seeland . . 112,395 L. St.
„ Tasmania . . . 96,936 „
„ Neu-Süd-Wallis 59,646 „
„ Victoria . . . 44,113 „
„ Südaustralien . 9,940 „
„ Westaustralien . 94,796 „
„ Nordaustralien . 5,666 „

Die Gesammtausgaben des britischen Parlaments für die Colonien (ohne Ostindien) betrugen im gleichen Jahre 4,115,757 L. St.

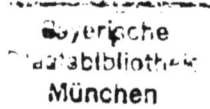

Berichtigungen.

Seite 1 lese man October und April (statt October).
„ 7 „ „ den Platz (statt der Platz).
„ 13 „ „ 4 deutsche Vereine (statt 5.)
„ 15 „ „ Mayor und 15 Aldermen (statt 6 Aldermen.)
„ 19 „ „ Ausfuhr im Jahre 1857 4,011,952 (statt Einfuhr.)
„ 19 „ „ Einfuhr im Jahre 1857 6,729,408 (statt Ausfuhr.)
„ 19 „ „ von Albury nach Melbourne (statt Goulbourne.)
„ 32 „ „ Sunbury (statt Sundbury.)
„ 35 „ „ Journ. of the Statist. Soc. May 1854.
„ 41 „ „ nebst 300,000 Acres (statt davon waren.)
„ 47 „ „ mit den übrigen Häfen (statt in den Häfen.)
„ 49 „ „ Bass Strait (statt Bass Street.)
„ 51 „ „ 1,674,987 Schafe (statt 1,614,987.)
„ 54 „ „ unters. Telegr. von Circular head aus (statt von Hobarttown.)
„ 84 „ „ 1500 Tonnen (statt 15.000.)
„ 108 „ „ Glenelg (statt Glenely.)
„ 141 „ „ Port Abercrombie auf der Insel Great Barrier.